財務モデリング

Financial Modeling

金児　昭［監修］
岡崎京介［著］

税務経理協会

監修にあたって

　私は，法規を守る財務会計の中でも，利益を目指す経営の中でも，企業の「経理・財務」最適行動のために財務モデリングが縦横無尽に使われていることを皆さんに知っていただきたいのです。その広がりを次の〔図表A〕〔図表B〕で見ていただきたい〔『ビジネス・ゼミナール　会社「経理・財務」入門』（日本経済新聞出版社刊）のエピローグ──これからの「経理・財務」〈JAPAN〉中の2表　419頁，420頁〕。

〔図表A〕企業会計（財務会計，経営会計）

注意：「枠の大きさ」は，「財務会計2」「経営会計8」として見ていただきたい。

項目 (経理・財務＆CFOの全実務)		企業会計	
		財務会計	経営会計
A	資本主義世界での重要性のウェイトづけ	2割	8割
B	責任部門（主役）	CFO，経理・財務部門 （財産保全業務に注力）	事業部門（販売・製造・研究部門） （CFO，経理・財務部門は参画・バックアップ部門）
C	目的と役割	会計法規を守る （金融商品取引法・会社法・法人税法）	①利益を上げて，②税金を納める （資本主義経済社会での事業に対する根本思想）
D	「会計公準」の眼	①人の正しい行動 ②貨幣で表す（円・ドル等） ③期間を定める（1年，半年，4半期等）	①人が利益を目指す ②現地通貨表示 ③事業判断・実行期間（1日，1ヵ月，3ヵ月，2年など自由）
E	日本国内か，国際か	○会計（金融商品取引法）←──国際 ○会社法←──────日本国内 ○法人税法←────日本国内・国際	国際

〔図表B〕金児昭の体験をベースにした「経理・財務部の業務20」

●財務会計, ★経営会計

予算編成 総合損益, 事業部損益, 工場損益, 設備投資, 購買, 人件費, 研究費, 広告費, 修繕費, 製造費, 営業費, 本社費, 資金 ★①	月次決算 四半期決算 売上, 損益, 製品在庫, 原料在庫, 回収条件, 支払条件, 販売費, 本社費, 製造費, 支払利息 ●★②	差異分析 計画・予算と実績との比較差異分析 最も望ましい実行計画との差異分析 ★③	特殊原価調査（特殊原価計算） ★④	収益・利益向上目標の業務効率化 ★⑤
新規事業検討 事業撤退検討 ★⑥	合理化 超合理化 企業再建 株式交換 株式移転 ★⑦	関連会社会計 連結決算書の内容検討 経理・財務関連事項の検討 合理化への参画・バックアップ ★⑧	合併・買収 会社分割 事業譲渡・譲受 経営権の移動 事業売買 デュー・ディジェンス 結合会計 ★⑨	国内・海外の事業に関連する契約内容検討 ★⑩
資金 資金保全・金銭出納, 国内外からの資金調達 ★⑪	収益・原価計算 収益・原価との関連における利益, 固定費, 変動費の検討 ★⑫	国際会計 各国の財務会計, 海外取引の会計・税務 外国為替会計, 英文簿記・会計, 租税条約 ●★⑬	証券業務 資本市場からの資金調達, 株式業務 ●★⑭	会社法決算 会社法・計算書類, 事業報告, 貸借対照表, 損益計算書, 株主資本等変動計算書, 注記表, 付属明細書, 株主総会招集通知状, 会計士監査, 監査役監査 ●⑮
有価証券報告書・届出書 企業会計原則・同注解, 財務諸表等規則・同取扱要領, 税効果会計, 金融商品取引法, 公認会計士監査 ●⑯	税務会計 法人税法, 政令, 省令, 通達, 税務申告書, 連結納税, 経営法人税 ●★⑰	連結決算書 連結決算, 連結B/S, 連結I/S, 連結C/F, 連結S/C, 英文連結決算書, 金融商品取引法, アニュアル・レポート ●⑱	業績評価 売上・直接原価計算 ★⑲	会計監査 内部監査, 監査役監査, 監査委員会監査, 公認会計士監査, 内部統制組織, 監査論, 継続企業の前提の監査 ●⑳

まえがき

　私は，いままで多くの優秀な経営者の指導を受けてきました。そして，「優秀な経営者に共通していることは何か？」と問われたら，私は迷わず「数字に強いこと」と答えます。天性の感覚なのか，優秀な経営者は数字に対して独特の勘の鋭さを持ち合わせています。これは，真似をしようとしたところで，誰にでもできるものでありません。だからといって，本書を手にしている皆さんは心配いりません。今や誰でもパソコンを使える時代です。財務モデリングを勉強すれば，誰でも天性の感覚と勘に近づけるのです。

　私は経理・財務の現役時代，国内外で数多くのM＆Aを経験しましたが，優秀な経営者でもM＆Aのように会社の業績に大きな影響を与える案件を扱う際には，もちろんパソコンを使っていました。実際には，経営者が自分で操作することはそうありませんでしたが，とにかく目まぐるしい速さで次々と条件を指定し，パソコンでモデリングを担当していた部下の人たちがこれまた瞬時に答えをはじき出していたことが思い出されます。しかし，コンピュータは単に複雑で大量の計算を行っているだけです。どのような条件でシミュレーションをするか，どのように計数を整理しておくかといった計算のポイントは，数字に強い経営者や担当者がいなければパソコンも役に立ちません。

　私が現役であった当時とは違って，今や経理・財務の社員の机にはたいてい一人に一台パソコンが用意されていますが，当時の経営者や担当者のように必要な数字を引き出せる人は少ないと思います。

　企業にまつわる数字について勉強すること，つまり，簿記や会計，そしてファイナンスなどを勉強すること，これは非常に重要なことです。しかし，残念ながら，それだけでは経営実務で通用しません。

　テキストに書いてある知識を，実際に企業の中で経営数字という形に変え，しかもとにかく正確かつ速く経営実行をするためには，どうしてもコンピュータの力を借りなければなりません。そこが，財務モデリングの真髄です。テキストには書かれていない企業内の知恵や想いなども，パソコンを活用し経営数字という形に変えて盛り込むことができるのです。あらゆる知識や知恵を咀嚼しパソコンを使って具現化する財務モデリングに長けているということが，今の時代の「経営数字に強い」ということになるのです。そして，それは新しい時代のリーダーとしての資質です。

　私は，本書を手に取られた方の，その先見性を高く評価します。世のビジネス・パーソンで，「数字に強くなりたい」と思っている人は多いでしょう。「数字に強くな

りたい」，その切り札が本書で展開されている「財務モデリング」です。あとはやるだけです。しっかり読破し自分のものにしてください。

　さて，この本を執筆された岡崎京介さんは，大手都市銀行の企画部門をはじめ，外資系コンサルティング会社で，企業価値評価やキャッシュフローのモデリングなど数字のシミュレーション実務を経験してこられた「財務モデリング」の第一人者です。自らのノウハウをより多くのビジネス・パーソンに知って頂きたいということで本書を執筆されたのですが，わが国で「財務モデリング」という考え方を体系化して具体化させた最初の人です。これからの日本のビジネス界をリードしていかれる素晴らしい方が書かれた本書を監修させて頂ける機会を得ましたことを，私は大変嬉しく思っております。

　本書を読んで勉強された皆様が，5年後10年後に「数字に強い」経営者としてグローバルに活躍されることを楽しみにしています。
　最後になりましたが，日本CFO協会の行天豊雄理事長・谷口宏専務理事，税務経理協会の大坪克行常務・堀井裕一部長・日野西資延さんにお心入りのご指導をいただきました。著者の岡崎京介さんとともに厚く御礼申し上げます。

2010年2月吉日

金児　昭

CONTENTS

監修にあたって
まえがき

第1章 財務モデリングの基本

1-1 財務モデリングとは ……………………………………………………… 2
1-1-1 財務モデリングとは …………………………………………… 2
1-1-2 数値処理と財務モデリング …………………………………… 3
1-2 財務モデリングの3要素 ………………………………………………… 6
1-2-1 ビジネス・ロジック概観 ……………………………………… 6
1-2-2 Excelの技法概観 ……………………………………………… 8
1-2-3 基本指針概観 …………………………………………………… 9

第2章 財務モデリングの基本指針

2-1 財務モデリングの基本指針 ……………………………………………… 14
2-1-1 財務モデリングの基本指針 …………………………………… 14
2-1-2 モデルとプロセス ……………………………………………… 15
2-2 モデルの基本指針 ………………………………………………………… 18
2-2-1 操作性 …………………………………………………………… 18
2-2-2 再現性 …………………………………………………………… 23
2-2-3 読解性 …………………………………………………………… 28
2-3 プロセスの基本指針 ……………………………………………………… 38
2-3-1 作成スピード …………………………………………………… 38
2-3-2 作成効率 ………………………………………………………… 42
2-3-3 マネジメント …………………………………………………… 45

第3章 Excelの基本知識

3-1 Excelの基礎知識 ………………………………………………………… 50
3-1-1 各種名称の確認 ………………………………………………… 50

3-1-2	基本機能の確認	50

3-2 ブックの基本操作 ………………………………………………… 52

3-2-1	新しい空白のブックを開く	52
3-2-2	ファイルを保存する	52
3-2-3	ブックを閉じる	53
3-2-4	ワークシートを印刷する	53

3-3 ワークシートの基本操作 ……………………………………… 55

3-3-1	ワークシートを挿入する	55
3-3-2	複数のワークシートを同時に挿入する	55
3-3-3	ワークシートの名前を変更する	56
3-3-4	ワークシートを削除する	56
3-3-5	ワークシートを移動またはコピーする	57

3-4 セルの選択 ……………………………………………………… 58

3-4-1	セルの選択	58
3-4-2	１つのセルを選択	58
3-4-3	セル範囲を選択	58
3-4-4	ワークシートのすべてのセルを選択	59
3-4-5	隣接しない複数のセル範囲を選択	59
3-4-6	行または列全体を選択	59
3-4-7	隣接する複数の行または列を選択	60
3-4-8	隣接しない複数の行または列を選択	60

3-5 コピーと移動 …………………………………………………… 61

3-5-1	セルのコピーと移動について	61
3-5-2	セル全体を移動，コピーする	61
3-5-3	セルの値，セルの書式，または数式だけをコピーする	62
3-5-4	行と列を移動またはコピーする	63

3-6 セルの入力の基本操作 ………………………………………… 65

3-6-1	セルへのデータの入力	65
3-6-2	セルのデータの編集	65
3-6-3	日付と時刻の入力	66
3-6-4	関数の入力	66

3-7　書 式 設 定 ……………………………………………………………… 67
- 3-7-1　列幅を指定する ……………………………………………… 67
- 3-7-2　行の高さを指定する ………………………………………… 68
- 3-7-3　セル書式の設定 ……………………………………………… 69

第4章　Excelの活用法

4-1　操 作 技 法 ……………………………………………………………… 72
- 4-1-1　キーボード操作の重要性 ……………………………………… 72
- 4-1-2　特殊キー関連のキーボード・ショートカット ……………… 72
- 4-1-3　移動関連のキーボード・ショートカット …………………… 75
- 4-1-4　入力関連のキーボード・ショートカット …………………… 76
- 4-1-5　コマンド関連のキーボード・ショートカット ……………… 77
- 4-1-6　書式関連のキーボード・ショートカット …………………… 78
- 4-1-7　操作のコンビネーション ……………………………………… 79

4-2　数式の作成 ……………………………………………………………… 81
- 4-2-1　数式の要素 ……………………………………………………… 81
- 4-2-2　定数の基本 ……………………………………………………… 81
- 4-2-3　セル参照の基本 ………………………………………………… 83
- 4-2-4　計算演算子の基本 ……………………………………………… 85
- 4-2-5　関数の基本 ……………………………………………………… 87

4-3　関数の活用法 …………………………………………………………… 90
- 4-3-1　SUM関数 ……………………………………………………… 90
- 4-3-2　SUMPRODUCT関数 ………………………………………… 91
- 4-3-3　MIN関数／MAX関数 ………………………………………… 92
- 4-3-4　N関数 …………………………………………………………… 92
- 4-3-5　IF関数 …………………………………………………………… 93
- 4-3-6　CHOOSE関数 ………………………………………………… 95
- 4-3-7　OFFSET関数 ………………………………………………… 97
- 4-3-8　TEXT関数 …………………………………………………… 100
- 4-3-9　INDIRECT関数 ……………………………………………… 101

- 4-4 フラグ ·· 105
  - 4-4-1 フラグとは ··· 105
  - 4-4-2 手動01フラグ ··· 106
  - 4-4-3 自動01フラグ ··· 108
  - 4-4-4 手動分岐フラグ ·· 110
  - 4-4-5 自動分岐フラグ ·· 112
  - 4-4-6 その他のフラグ ·· 116
- 4-5 機能活用 ·· 118
  - 4-5-1 データテーブル ·· 118
  - 4-5-2 ゴール・シーク ·· 122

第5章 財務モデリングの実践例

- 5-1 単純合計と累積合計 ·· 126
  - 5-1-1 単純合計 ··· 126
  - 5-1-2 累積合計 ··· 126
  - 5-1-3 条件を満足する合計 ·· 129
- 5-2 計数計画立案 ··· 131
  - 5-2-1 経営会計と財務モデリング ································· 131
  - 5-2-2 PLからCFへの連携 ··· 131
  - 5-2-3 BSからCFへの連携 ··· 136
  - 5-2-4 BSからPLへの連携 ··· 138
  - 5-2-5 PLからBSへの連携 ··· 141
  - 5-2-6 まとめのモデル ·· 145
- 5-3 損益分岐点分析 ··· 150
  - 5-3-1 損益分岐点分析とは ·· 150
  - 5-3-2 損益分岐点分析の計算例 ···································· 150
- 5-4 NPV ·· 153
  - 5-4-1 NPVとは ··· 153
  - 5-4-2 NPVの計算例 ·· 154

あとがき ·· 157

第 **1** 章

財務モデリングの基本

■ 1-1 財務モデリングとは
■ 1-2 財務モデリングの3要素

1-1 財務モデリングとは

1-1-1 財務モデリングとは

　財務モデリングとは，端的に言うと「Excel[1]のスプレッドシートを活用した数値処理」となるでしょう。

　数字で考え数字で分析し記述しなければいけない，つまり数値処理が必要な局面が企業の中では数多く存在します。

図　企業経営と財務モデリング

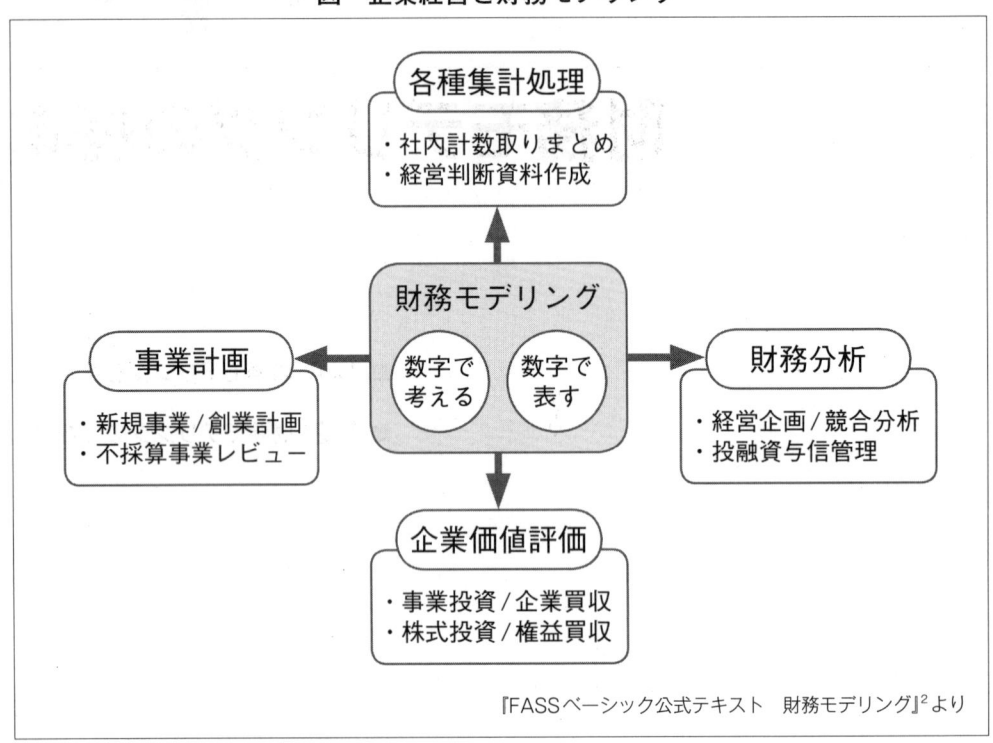

```
                      各種集計処理
                      ・社内計数取りまとめ
                      ・経営判断資料作成
                            ↑
                      財務モデリング
     事業計画      ←  ┌数字で │数字で┐  →   財務分析
     ・新規事業/創業計画  │考える│表す │       ・経営企画/競合分析
     ・不採算事業レビュー └─────┴─────┘       ・投融資与信管理
                            ↓
                      企業価値評価
                      ・事業投資/企業買収
                      ・株式投資/権益買収
```

『FASSベーシック公式テキスト　財務モデリング』[2] より

　例えば，以下が典型的なものでしょう。

（a）各種集計処理

　　社内計数取りまとめ，業績管理指標算出，経営判断資料作成等

メモ

(b) 事業計画の策定

新規事業開発時や創業時の経営計画・資金計画の策定，不採算事業の再建計画の策定やレビュー等

(c) 財務分析

自社および他社の財務分析，与信管理，経営戦略の進捗把握等

(d) 価値評価

事業投資や企業買収の際の価値評価，権益買収の際の価格決定等

　企業内の上記のような数値処理をほとんど一手に引き受けているのが財務モデリングです。なぜなら，これらの数値処理は，当然電卓で処理できるような演算量ではありません。また，システム化や自動化も簡単ではありません。変化の激しい経営環境の中では定型化が困難で，システムを構築したとたんに陳腐化してしまうことは想像に難くありません。経営戦略も当然ですが，会計基準でさえ変化しています。そこで，Excelのスプレッドシート[3]を活用した財務モデリングが必要となるわけです。

　一般の電卓では不可能な数字の処理を行うこと，システム化では対応できない機動的な作業を行うこと，これが財務モデリングの原点であり目的です。財務モデリングにより，経営陣をはじめとした意思決定者はビジネスの全体像や将来像をより明確にイメージすることができるようになります。1つ1つの前提や条件を数字という形にして明確に落とし込み，かつ，数字と数字の関係式も明確に規定されるからです。

1-1-2　数値処理と財務モデリング

　数字で分析し記述する場合，数値情報をいかに処理するかが重要になります。企業の内外には膨大な数値情報が存在します。しかし，何の加工も分析もしない数値情報[4]では，社内に発信しても意味がないでしょう。受け手はどうしたらよいわかりません。経営陣なら尚更です。意思決定や戦略立案の指針とすることはできません。

　そのためには，数値情報をいかに分析し企業経営に有効な洞察を得るかという数値処理のプロセスが重要になります。数値情報をいかに適切に処理するか／できるかが重要なのです。このプロセスの大部分を担当しているのが財務モデリングであると言えるでしょう。

図　財務モデリングの位置付け

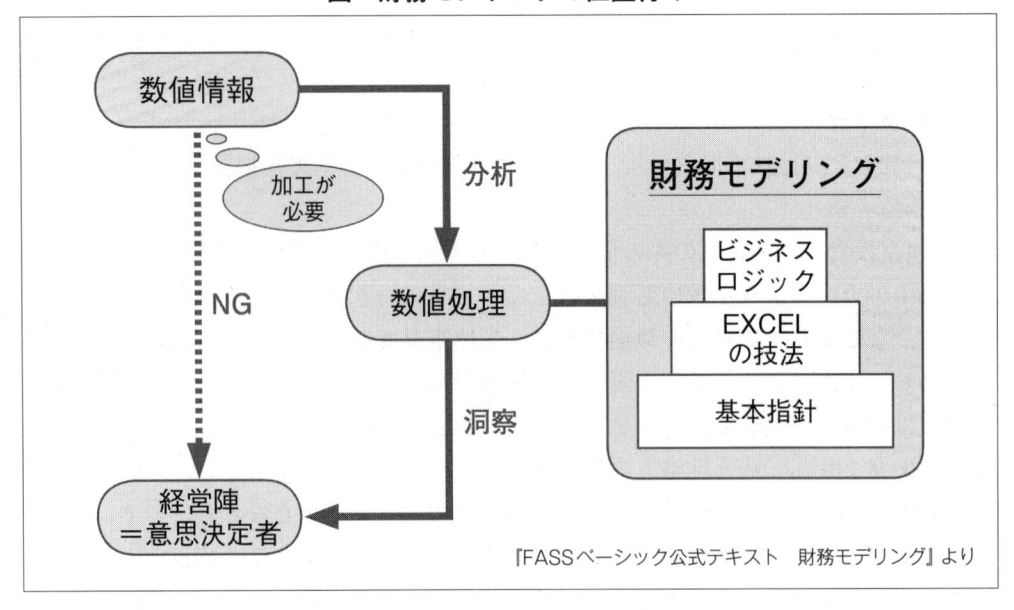

『FASSベーシック公式テキスト　財務モデリング』より

　数値情報は様々な加工・分析がなされて[5]，最終的に経営陣に到達します。経営陣は数値処理されたアウトプットの最終ユーザーであると言えるでしょう。最終ユーザーに至るまで多くの部署の多くの担当者が関与して数値処理が行われます。

　このプロセスの中で，経営陣をはじめとした意思決定者の目的はあくまで，

- 数字を分析し
- 数字によって洞察[6]を得て
- 数字に基づいて意思決定する

ということを忘れてはいけません。

　数値処理の目的から考えて，財務モデリングには3つのポイントがあります。

（a）ビジネス・ロジック
　　意思決定に必要な概念や手法は何か
（b）Excelの技法
　　どのようにExcelのスプレッドシート上で変数を演算させるか
（c）基本指針
　　財務モデリングをどのようにまとめていくか

メモ

数値情報を処理するための元になる概念をビジネス・ロジックと呼びます。必要なビジネス・ロジックを更新・追加することにより，様々な業務の様々な局面で対応可能となります。PCで言えばアプリケーションです。集計処理なら集計処理用の，事業計画なら事業計画用のビジネス・ロジックを起動するわけです。

　対して，基本指針とExcelの技法がOS（オペレーティング・システム）となるでしょうか。ビジネス・ロジックを載せる土台になるものです。

1-2　財務モデリングの3要素

1-2-1　ビジネス・ロジック概観

　数値情報を処理する元になる概念をビジネス・ロジックと呼びます。ビジネス・ロジックは，ビジネス上で限定的に用いられるロジックです。1つ1つの言葉の定義でもあり，統合された手法のパッケージでもあります。「経常利益」もビジネス・ロジックで，「DCF法」もビジネス・ロジックです。何を変数とするか，変数をどのように処理するか，適用するビジネス・ロジックによって財務モデリングの方向性が決定されます。

　ビジネス・ロジックのポイントとしては，どのような数値処理の下でどのような変数を設定すればよいかを決定することにあります。

（a）変数の定義
　　変数や手法の定義は何か
（b）変数の計算式
　　変数と変数の関係はどのような計算式となるか

　まず，(a)変数の定義について考えてみましょう。

　例えば，経常利益20という数値情報が与えられたとします。

　「経常利益」という言葉，一般国語的定義では単に「経常的に発生する利益」となるでしょう。しかし，ビジネスの文脈では，より限定的により明確に定義（＝計算式）として，「経常利益＝営業利益＋営業外収益－営業外費用」と計算されるものと解釈されるでしょう。そしてその背後には簿記や会計の理論や手続きが存在しています。これがビジネス・ロジックです。

　では，「株主価値」という言葉はどうでしょうか？　ビジネスの文脈といってもかなり解釈の幅がありそうです。コーポレート・ファイナンスの知識が多少なりともある人は，「株主価値は，株主価値＝企業価値－負債価値と計算できる」というイメージを持つでしょう。全く異なるイメージを持つ人がいるかも知れませんし，全くイメージを持てない人もいるかも知れません。

　財務モデリングで数値処理を行う場合，このような確認作業，言葉の定義や定義式を含めた手法の合意を取り付けてスタートすることがよいでしょう。定義を明確にしておかないと無用の混乱を招きますし，最悪の場合意味のない財務モデリングを行っ

てしまうことになります。数値処理の手続きがどこまで指定されているかの確認をはじめとして，ここでは特にプロセスのマネジメントが重要になります。

次に，(b)変数の計算式について考えてみましょう。

例えば，営業利益25，営業外収益10，営業外費用15という数値情報を与えられたとします。

この場合，25＋10－15＝20という計算式で経常利益が算出できます。損益計算書に関するビジネス・ロジックを適用し計算式を導出しています。

図　ビジネス・ロジックと変数

	A	B	C	D
1				B列の数式
2	経常利益	20		20
3				
4	営業利益	25		25
5	営業外収益	10		10
6	営業外費用	15		15
7	経常利益	20		＝B4＋B5－B6

このように，Excelに入力される変数や数式すべてにビジネス・ロジックが関連しています。ですから，(a)変数の定義も (b)変数の計算式も同時並行で考えていく必要があります。

ビジネス・ロジックは，そのほとんどがビジネスの文脈上で共有化されている概念で，既に定義されています。法令により概念や手続きがルール化されているものもあります。

また，企業独自のビジネス・ロジックも多くあります。例えば，企業内の業績評価用のロジックは各社独自のものです。業績連動賞与の計算ロジックなどが典型例です。

ビジネス・ロジックなしで数理処理を行っても有意な成果物をアウトプットできません。いくらExcelの技法に長けていても，ビジネス・ロジックの整理がなされていないと単なる数字の遊びであって時間の無駄です。いくら精緻なモデルを作成しても無駄になります。

本書では，財務モデリングを行うにあたってどのようなビジネス・ロジックが最低

限必要かを2つの相対する観点から整理しました。
- トップダウン
  ビジネス・シーンで活用頻度が多いと思われるもの
- ボトムアップ
  ビジネス・シーンで直接は出てこないかも知れないが，ビジネス・パーソンとして最低限必要と思われるもの

以下列挙されたビジネス・ロジックをベースとして，必要に応じて追加することにより，ほとんどのビジネス・シーンで対応できます。

（a）一般数値処理

　　合計：単純合計，移動合計，累積合計，条件を満足する合計

　　平均と統計：単純平均，移動平均，加重平均，幾何平均，期待値，分散と標準
　　　　　　　偏差，共分散と相関係数

　　金利：金利と利回り，単利と複利

（b）会社計数関連

　　財務会計：損益計算書，貸借対照表，キャッシュ・フロー計算書

　　経営会計：経営計画，業績評価，予算管理

　　財務分析：収益性分析，安全性分析，生産性分析，成長性分析

（c）ファイナンス関連

　　現在価値：将来価値，割引率

　　投資評価：回収期間法，NPV/IRR

　　ポートフォリオ理論：CAPM，DCF

本書では，第5章財務モデリングの実践例で，上の一部のビジネス・ロジックについて学習します。

1-2-2　Excelの技法概観

Excelの技法について概観します。

ビジネス・ロジックの知識が豊富にあってもExcel上で表現できなければ，実務的には価値がありません。財務モデリングはExcel上で展開します。ビジネス・ロジックも基本指針もExcel上で表現されます。ですから，財務モデリングにおけるExcel

― メモ ―

のウェイトは大きく，Excelの技法を習得することは非常に重要です。

Excelの技法は大きく2つに分けられます。

（a）操作技法

　　Excelをいかに効率的に操作するか

（b）数式作成技法

　　いかに効果的な数式を作成するか

まず，(a)操作技法について考えてみましょう。

操作技法は具体的に言うと，キーボード操作，それもキーボード・ショートカットをいかに有効に活用するかに尽きます。

キーボード操作は200以上あるでしょうが全てを覚えることはできませんし，その必要もありません。

次に，(b)数式作成技法について考えてみましょう。

数式作成技法については様々なテクニックが紹介されていますが，実際に財務モデリングをより良くするためには何が重要なのかを判断するのは困難です。特に関数や各種機能は数が多く，どこから手をつけてよいかわかりません。一方，本当のプロのExcelシートを見ると，数式は実にシンプルでコンパクトです。決して複雑な関数を使わずに，せいぜいSUM関数程度の平易な関数だけで複雑なケースや条件を「やりきっている」からです。初心者がシートを見ても何が展開されているかよくわかるようにできているのは，真に実践的な技法を漏れなくマスターしているからなのです。

1-2-3　基本指針概観

財務モデリングの基本指針について概観しておきます。

財務モデリングによって，何を目指していくのか，何を良しとしていくのか，そのためにどのような考え方を持つべきか，を整理しようというものです。

基本指針は大きく2つに分けられます。

（a）モデルの指針

　　財務モデリングの成果物であるスプレッドシート・モデルをどのようにまとめたらよいか

（b）プロセスの指針

　　財務モデリングをどのようなプロセスで行ったらよいか

簡単な例で考えてみましょう。

下図のように，いま利益の予測が1年目から5年目まで，10, 15, 18, 20, 14となっているとします。この時，Excel上で利益累計を計算したい。どのような数式を入力しますか？

図　合計と累計1

	A	B	C	D	E	F
1		1年目	2年目	3年目	4年目	5年目
2	利益	10	15	18	20	14
3						
4	利益累計	10	25	43	63	77

数字は上のようなイメージになります。B4からF4までどのような数式を入力したらよいでしょうか？

1つの解答は以下です。

図　合計と累計2

	A	B	C	D	E	F
1		1年目	2年目	3年目	4年目	5年目
2	利益	10	15	18	20	14
3						
4	利益累計	10	25	43	63	77
5						
6	4行の数式	=B2	=B4+C2	=C4+D2	=D4+E2	=E4+F2

ここで，利益累計の数式は，

　1年目の利益累計（B4）= B2　と入力

　2年目の利益累計（C4）= B4 + C2　と入力し5年目までコピー

つまり，1年目の利益累計は1年目の利益だけ，つまりB2を参照すればよく，2年目以降は前年の利益累計に今年の利益を加算する，つまりB4にC2を加算すればよい，というわけです。

多くの人が上のような数式を入力するでしょう。

メモ

しかし，下の解答の方が優れていると思います。

図　合計と累計3

	A	B	C	D	E	F
1		1年目	2年目	3年目	4年目	5年目
2	利益	10	15	18	20	14
3						
4	利益累計	10	25	43	63	77
5						
6	B4の数式	=SUM($B$2:B2)				

ここで，利益累計の数式は，

1年目の利益累計（B4）＝SUM（$B$2：B2）　と入力し5年目までコピーで対応できます。

さて，この手法がなぜ優れていると思いますか？

優れている理由が分かったとしたら，なぜ思いつかなかったのでしょうか？　特別難しい機能や関数を使っているわけでもないのに。

ほとんどの人がSUM関数を知っているし使っている。ほとんどの人が絶対参照を知っているし使っている。しかし，SUM関数と絶対参照を組み合わせて使うことは知らない。知らないというより使う意識がないのです。それは，どのように財務モデリングをまとめるかという基本指針がないからです。いくら多彩なビジネス・ロジックやExcelの技法を習得していても，どのようにまとめていくかという発想や方向性がなければ良いものはできません。これが(a)モデルの指針，です。

また，1年目の利益累計の数式（B4）を5年目までコピーすると言いました。

さて，コピーという機能の操作方法はどのくらい知っていますか？　例えば[Ctrl]＋[R]という操作は知っていますか？　様々な操作方法が考えられる中で，このケースではどの操作方法が最適でしょうか？　よいモデルができることも重要ですが，どうしたら速く効率的に作成できるか，もビジネスでは重要です。これが(b)プロセスの指針，です。

財務モデリングの基本指針については次章で説明します。

―メモ―

(注)
1 Excelは米国マイクロソフト社の登録商標です。
2 『FASSベーシック公式テキスト　財務モデリング』（金児昭 監修，岡崎京介 著　CFO本部発行）（http://www.cfo.jp/fass/modeling.html）
3 以下単にモデルとも呼びます。
4 例えば，過去10年間の月商の一覧データ。
5 例えば，前年同月比を算出する，など。
6 例えば，経営戦略が進捗しているのかいないのか，いないとしたら阻害要因は何か，阻害要因を解消するためには何が必要かなどです。

第2章

財務モデリングの基本指針

- ■ 2-1　財務モデリングの基本指針
- ■ 2-2　モデルの基本指針
- ■ 2-3　プロセスの基本指針

2-1　財務モデリングの基本指針

2-1-1　財務モデリングの基本指針

　財務モデリングは極めて有効なビジネス・ツールであるにもかかわらず，問題点が多いのも事実です。表計算ソフトが一般企業に広く導入され始めてざっと10年ほど経ったでしょうか。その間，財務モデリングにまつわるノウハウは企業の中にほとんど蓄積されていません。表計算ソフトの基本機能はほとんど変化していないのに，です。

　実際，今でもビジネスの最前線では以下のような問題が頻発しています。

- スプレッドシート・モデルは作成したものの必要な分析ができない／使えない
- 知らない関数が使われていて理解できない
- 数式やセル参照が複雑怪奇で正しいかどうか検証できない
- モデルの作成に多大な時間を消費してしまう
- 効率的に作成する方法を知らない／非効率性に気が付いていない
- 期限ギリギリになっても必要な情報が入手できない

　これらは10年前も同じように発生していました。そして今も状況は同じです。全くと言っていいほど進歩がありません。

　これら問題の原因は，財務モデリングの基本指針がない，ということに尽きます。そもそも「財務モデリングのあるべき姿」のイメージが共有されていません。作成されたスプレッドシート・モデルは蓄積され共有されています。しかし，その根底にあるノウハウは蓄積されていません。良いモデルはどこがなぜ良いのか？　できる人は何ができるのか？　という整理がなされてきませんでした。だから，どのような方向性で財務モデリングを行ったらよいか，わからないのです。例えば，良い営業マンのイメージが共有されていないと，社員は何を目指して精進すればよいかわからない。研修担当部署もどのようにトレーニングしたらよいかわからない。人事考課もスムーズにはいかないでしょう。仮に言語化されたものはなくとも，時間と共にノウハウ等が蓄積され良い営業マンのイメージが醸成され，行動指針となっているはずです。しかし，財務モデリングには今のところ何もありません。

　では，「財務モデリングのあるべき姿」とは何でしょうか？　その目的から考えると，数値処理を適切に行い意思決定に必要な洞察がタイムリーにできる財務モデリン

メモ

グと言えるでしょうか。上級者の心の中には多少なりともイメージがあるでしょう。まずこのイメージを全社的に広く共有することが重要です。

ただし，これでは漠然としていて実際どうしたらよいかわかりません。そこで，基本指針が必要となるのです。

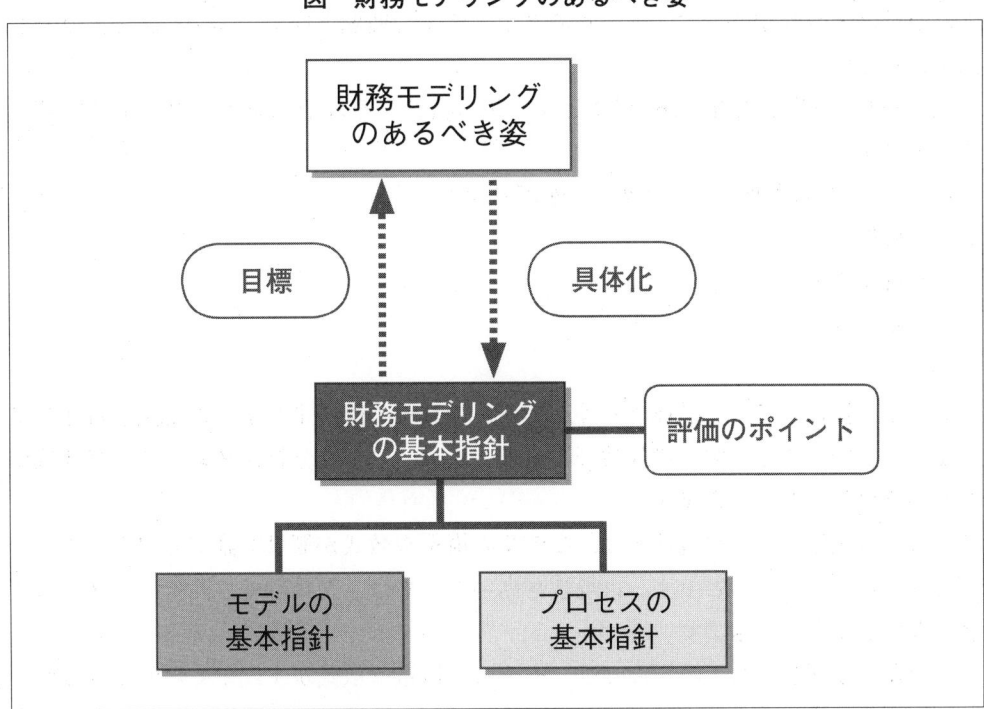

図　財務モデリングのあるべき姿

基本指針は「財務モデリングのあるべき姿」を目指しながら，より具体的にブレークダウンした作業指針であり思考指針です。指針は，また，財務モデリングを一歩下がって客観的に評価する評価軸であると言ってもよいでしょう。特にモデルの基本指針は成果物を評価するという視点の方がわかりやすいかもしれません。

2-1-2　モデルとプロセス

財務モデリングの基本指針は大きく2つあります。
（a）財務モデリングの成果物であるモデルの基本指針

（b）財務モデリングのプロセスの基本指針

まず、(a)は財務モデリングの成果物であるモデルをどのようなポイントに留意して作成すれば優れていると言えるのか、ということです。モデルのクオリティの問題です。

さらに、それだけでは不十分で、(b)財務モデリングのプロセスも重要になります。これが見落とされがちです。モデルのクオリティの問題と同等、場合によってはそれ以上に重要です。

(a)モデルの基本指針、(b)プロセスの基本指針、それぞれをキーワードで説明していきます。

(a)モデルの基本指針は、次の3つがポイントです。

- 操作性
- 再現性
- 読解性

まずは、操作性です。操作性とは、モデルの分析の際により多くの変数が対応しているか、ということです。操作性が高いモデルは、必要な分析がスムーズにでき豊かな洞察を得ることができます。

次に、再現性です。再現性とは、モデルの構造や数式が簡単で誰でも関与することができるか、ということです。再現性が高いモデルは、初級者でも簡単にアクセスでき共有することができます。

最後に、読解性です。読解性とは、モデルの構造や数式がすばやく理解できるか、ということです。目で追っていくだけで計算過程や構造がよく理解できるわかりやすいモデルにしようということです。

この3つは時にトレード・オフがあるので注意が必要です。つまり、すべてを同時に満足できない場合があるということです。

(b)プロセスの基本指針は、次の3つがポイントです。

- 作成スピード
- 作成効率
- マネジメント

メモ

まずは，作成スピードです。どんなに優れたモデルができたとしても，実務で期待されている時間内に完成しなかったら意味がありません。締め切りギリギリでも困ります。ミスやエラーが多く検証や修正に時間が取られて，本来の目的である分析どころではない，ということになります。

　次に，作成効率です。作成効率とは，無駄のない操作により数式を作成することです。操作は速いに越したことはありません。が，操作スピードが速いだけでは不完全です。1つ1つの操作が速くても無駄なことばかりしていては困ります。

　最後に，マネジメントです。マネジメントとは，財務モデリングのプロセスを適切に管理することができるかということです。

　次ページ以降で，詳細を説明していきます。

2-2 モデルの基本指針

2-2-1 操作性

モデルの基本指針の最初のポイントは操作性です。

操作性とは，分析の際により多くの変数に対応しているか，ということです。操作性が高いモデルは必要な分析がスムーズにでき豊かな洞察を得ることができます。

操作性の評価ポイントは

　　（a）変数をセル参照として数式を作成しているか

　　（b）変数を更新しても成立する数式になっているか

となります。

変数を設定し計算のバリエーションを出すことができるのが財務モデリングの利点の1つです。極めて基本的なポイントですが，なかなか奥が深いものです。

簡単なケースで考えてみましょう。以下の想定で，簡単な財務モデルを作成してみます。

―収入／支出／利益という3項目のみの今後5年の収益計画を作成する

―実績値は収入100，支出80，よって利益20

―予測の前提は

　　・収入は前年伸率5％で5年間一定

　　・支出は収入の80％とし5年間一定

図　操作性1

	A	B	C	D	E	F	G
1		実績	1年目	2年目	3年目	4年目	5年目
2	収入	100					
3	支出	80					
4	利益	20					

この場合，収入＝前年収入×1.05，支出＝収入×0.8と計算すれば良いわけです。数式としては，

　　●収入予測1年目のセルC2に ＝B2＊1.05

　　●支出予測1年目のセルC3に ＝C2＊0.8

メモ

と入力することにします。後は右にコピーすればOKです。利益は差額を計算すれば問題ありません。

図 操作性2

	A	B	C	D	E	F	G	H	I
1		実績	1年目	2年目	3年目	4年目	5年目		C列の数式
2	収入	100	105	110	116	122	128		=B2*1.05
3	支出	80	84	88	93	97	102		=C2*0.8
4	利益	20	21	22	23	24	26		=C2−C3

　間違っているわけではありませんが最悪のモデルです。なぜなら、数式の中に5%（0.05）, 80%（0.8）という数値を直接入力しているからです。これだけでモデルとしての価値は著しく低下します。ほぼゼロと言ってもよいでしょう。なぜなら、電卓と大差ない処理だからです。収入伸率5%と支出／収入80%は変数と捉えられます。変数は「変わる数値」であり、変わるという前提で数式を作成しなければいけません。このことを「変数を変数として扱う」と呼んでいます。

　これが「(a)変数をセル参照として数式を作成しているか」、というポイントです。

　このケースのように変数が2つと少なければ管理できるかもしれません。が、実務では数百もの変数を取り扱うことも珍しくありません。多くの変数の中で1つでもこのような欠陥があるとチェックできません。どのセルにどの変数が入力されているかわからないので管理不能になります。前提を変えようと思っても、どこをどうしたらよいかわからないということになります。

　操作性を考えると少なくとも次のようなモデリングをしなければいけません。

図　操作性3

	A	B	C	D	E	F	G	H	I
1		実績	1年目	2年目	3年目	4年目	5年目		C列の数式
2	収入	100	105	110	116	122	128		＝B2＊(1＋$C$6)
3	支出	80	84	88	93	97	102		＝C2＊$C$7
4	利益	20	21	22	23	24	26		＝C2−C3
5									
6	収入伸率%		5%	一定					
7	支出/収入%		80%	一定					

変数は別に記述しておくことが重要です。このように処理すると，
- 変数の視認性が向上するので更新が簡単
- 数式を変更する必要がない
- 変数として取り扱うことにより以降の分析の可能性が広がる

これが「変数を変数として扱う」という意味なのです。

また，先ほどのケースで，C9に1～5の数字を入力するとC10に1年目から数字に対応した年数までの利益の累計を計算させたいとします。今はC9に3が入力されていますから，C4からE4までの3年分合計したいわけです。

図　操作性4

	A	B	C	D	E	F	G	H	I
1		実績	1年目	2年目	3年目	4年目	5年目		C列の数式
2	収入	100	105	110	116	122	128		＝B2＊(1＋$C$6)
3	支出	80	84	88	93	97	102		＝C2＊$C$7
4	利益	20	21	22	23	24	26		＝C2−C3
5									
6	収入伸率%		5%	一定					
7	支出/収入%		80%	一定					
8									
9	累計年数		3						
10	利益累計		66						＝SUM(C4:E4)

メモ

操作性を無視すれば、C10 = SUM(C4：E4) で66となります。

ただし、これではC9が3という値だけ正しい値を返しますが、他の値には反応しません。これではC9の変数について操作性は確保されていません。

図　操作性5

	A	B	C	D	E	F	G	H	I
1			実績	1年目	2年目	3年目	4年目	5年目	C列の数式
2		収入	100	105	110	116	122	128	=B2*(1+$C$6)
3		支出	80	84	88	93	97	102	=C2*$C$7
4		利益	20	21	22	23	24	26	=C2−C3
5									
6		収入伸率%		5%	一定				
7		支出/収入%		80%	一定				
8									
9		累計年数		3					
10		利益累計		66		=SUM(C4:OFFSET(C4,0,C9−1))			

ここは、

　　セルC10＝SUM(C4：OFFSET(C4,0,C9−1))

とすることによってC9を変数とすることができます。[6]

これが「(b)変数を更新しても成立する数式になっているか」というポイントです。

OFFSET関数（4-3-7 OFFSET関数参照）という少し難しい関数を使います。が、操作性を拡張する重要な関数です。

ちなみに、IF関数（4-3-5 IF関数参照）を使ってもできなくはないですが、

　　セルC10＝IF(C9＝1,C4,IF(C9＝2,SUM(C4：D4),
　　　　　　IF(C9＝3,SUM(C4：E4),IF(C9＝4,SUM(C4：F4),
　　　　　　SUM(C4：G4)))))

というとても長い式になってしまいます。作成にも時間がかかるし検証も簡単ではありませんので、実務で用いるにはふさわしくないでしょう。何より累計年数という変数に十分対応できていません。操作性が不十分です。

また、このC9の値は条件分岐に使っていますのでフラグ（4-4 フラグ参照）と呼

ぶこともあります。

また，もう少し馬鹿馬鹿しい，しかしながら，現場ではよく起こる惨劇について説明しましょう。

いま，A事業部とB事業部とC事業部の3つの事業部から構成されている企業で，月次売上を事業部毎に分解して報告しようと考えています。

A～Cの事業部の1月の売上がそれぞれ70，80，50のとき，下図のようなモデルを時々見かけます。

図　操作性6

	A	B	C	D	E	F
1		1月	2月	3月		B列の数式
2	A事業部売上	70				70
3	B事業部売上	80				80
4	C事業部売上	50				50
5	売上計	210				=SUM(B2:B4)+10

図をよく見ると，70＋80＋50＝200となり売上計の210になりません。作成者に聞いてみると，実はどの事業部にも帰属しない極めて特殊な売上が10発生したとのこと。そこで，売上計に10を直接入力して＝SUM(B2：B4)＋10という数式にしてしまった。このようなモデルはとてもモデルとは呼べない代物です。しかし，残念ながら，このようなモデルが世の中に氾濫しているのも事実です。

確かに，特殊な要因というものはなぜか報告期限ぎりぎりに判明することが多く，応急処置として「とりあえず」このような処理をする気分になることも理解はできます。しかし，絶対に避けなければなりません。

多くの場合，このようなモデルを作成する人は，次のような致命的なミスをします。

翌月以降，2月・3月の作業で，A～Cの事業部のデータを売上を入力します。そして，売上計の数式は1月の数式B5を，何気なく右にコピーしてしまう……。

メモ

図　操作性7

	A	B	C	D	E	F
1		1月	2月	3月		C列の数式
2	A事業部売上	70	75	80		75
3	B事業部売上	80	85	90		85
4	C事業部売上	50	50	60		50
5	売上計	210	220	240		=SUM(C2:C4)+10

　1月の特殊要因の売上10が，2月にも3月にも計上されてしまうという致命的なミスを犯してしまいます。

　「(b)変数を更新しても成立する数式になっているか」という観点がないので，このような処理をし大きなミスを引き起こしたといえるでしょう。

　特殊だろうが何だろうが10という売上は変数なので，あくまで変数として処理しなければなりません。安易に例外を認めてはいけません。命取りになります。

　下図のように，一行挿入して「その他」か何か適切な項目を追加するだけの話です。

図　操作性8

	A	B	C	D	E	F
1		1月	2月	3月		B列の数式
2	A事業部売上	70	75	80		70
3	B事業部売上	80	85	90		80
4	C事業部売上	50	50	60		50
5	その他	10	―	―		10
6	売上計	210	210	230		=SUM(B2:B5)

　この程度は財務モデリング以前の，作表マナーのレベルの話だとは思います。が，このように変数と数式を分離して入力し管理するセンスが操作性の基本となっています。注意してください。

2-2-2　再現性

　モデルの基本指針の次のポイントは，再現性です。

再現性とは，モデルの構造や数式が簡単で誰でも容易に理解でき同じようなモデルを作成できるか，ということです。再現性が高いモデルは初級者でも簡単にアクセスでき共有することができます。より多くの人がモデルに関与することができます。
　再現性の評価ポイントは
　　（a）できる限り少ない数の技法を使っているか
　　（b）それができる限り平易な技法なのか
になります。
　どんなにすばらしく高度なモデルが完成しても，他の人が理解不能なモデルは良いモデルとは言えません。財務モデリングで陥りがちな，特に中級者や上級者が陥りがちな落とし穴です。財務モデリングに少し馴れてくると難解な関数や特殊な機能を使いたくなります。すると，徐々に独りよがりのモデルになっていきます。財務モデリングはある業務やプロジェクトの一部分を担っていることがほとんどです。必要な関係者と共有できないと困ります。また，組織には常に転入者や新入社員など新たな人材が流入してきます。様々なプロフィールやバックグラウンドを持った人達です。財務モデリングに精通している人ばかりではありません。
　つまり，それらの人達とも財務モデリングを共有しコワークしていくためには，
　　● 誰が作成しても同じようなセンスのモデルができる
　　● 誰でもリードタイムなしにモデルを使うことができる
ことが必要になります。
　ここで重要なのは，初級者がより多くの技法を学ぶということもありますが，それ以上に，上級者がより平易な技法を用いるということなのです。平易な技法をどう組み合わせていくかという「狙い」を持って財務モデリングを行わなければいけません。これらは再現性に留意することにより解決できます。難しい技法を使用する時は本当にそれでしか処理できないのかを徹底的に吟味する必要があります。この姿勢がないと進歩しませんし，ノウハウも蓄積されません。本物の上級者は難しいことを実にシンプルな技法で表現します。一方，初級者にとっては知らない関数が1つでもあると大きな障害になってしまいます。1つの関数を理解し習得するのは簡単ではないからです。
　また，人材育成の観点からは，再現性を高めることにより引き継ぎや教育に対する労力や時間をセーブすることができるようになります。

メモ

簡単なケースで考えてみましょう。

当期の当期純利益は今100百万円と予測されています。税引前当期純利益に対して法人税が課税されるとして当期純利益を計算してください。法人税率を40％とします。ただし，税引前当期純利益は変数として取り扱う，つまり，マイナス（赤字）になっても，法人税がゼロとして成立するようにモデリングしたい。欠損金の繰越控除はないものとします。

図　再現性1

	A	B	C	D
1	法人税率	40%		
2				B列の数式
3	税引前当期純利益	100		100
4	法人税			
5	当期純利益	100		＝B3－B4

単にセルB4＝B3＊B1とすると税引前当期純利益が0未満の場合に法人税の戻りが発生することになってしまいます。つまり，条件分岐させなければいけません。ですから，

- 税引前当期純利益が0以上の場合，＝B3＊B1
- 税引前当期純利益が0未満の場合，0

となるように，数式を作成することになります。

上級者ならずとも，このような場合多くの人はIF関数で処理するでしょう。つまり，

　　　セルB4＝IF(B3＞＝0,B3＊B1,0)

とするわけです。IF関数はB3＞＝0という論理式を指定し，真の場合と偽の場合で場合分けする関数です。ここで，考えてみてください。本当にIF関数が必要でしょうか？　IF関数を使わないで記述できないでしょうか？

IF関数を使うということは，IF関数と論理式の2つの技法を同時に使うということになります。本当にこの2つの技法が両方必要なのか，ということです。

先に答えを言うと，この場合は，

　　　セルB4＝(B3＞＝0)＊B3＊B1

という数式で記述できます。つまり，IF関数を使わないで論理式だけで記述できるわけです。どちらが，誰もが習得容易で再現容易でしょうか？　もちろん，論理式だけで記述した方がよいでしょう。これが再現性の典型例です。(a)できる限り少ない数の技法を使っているか，(b)それができる限り平易な技法なのか，を同時に達成しています。

図　再現性2

	A	B	C	D
1	法人税率	40%		
2				B列の数式
3	税引前当期純利益	100		100
4	法人税	40		＝(B3＞＝0)＊B3＊B1
5	当期利益	60		＝B3－B4

　ここで，上の数式の意味がよくわからないという人は，基本をもう一度見直す必要があります。論理式の返り値＝論理値は計算演算子と一緒に用いると，TRUE＝1，FALSE＝0となります。ですから，

- 論理式が正しければ，　　B4＝(B3＞＝0)＊B3＊B1＝1＊B3＊B1＝B3＊B1
- 論理式が間違っていれば，B4＝(B3＞＝0)＊B3＊B1＝0＊B3＊B1＝0

となります。これで必要十分なわけです。論理式の基本を知らない，もしくは無視して，IF関数を安易に使うことは感心できません。

　論理式，そして論理値TRUE/FALSEについて知っているという人でも，思いつかなかった人もいるでしょう。だから，基本指針が大切なのです。

　再現性を追求していくためには，計算演算子そして基本関数の順で，基本的な技法を1つ1つ丁寧に吟味し，どこまで何ができるかを確認していかなければなりません。

　例えば，次の場合はどうでしょうか？

　いま，10の営業店別の売上高を集計し分析しようとしているとします。前期の売上高（確定値）と今期見込み売上高が与えられていて，前期比今期見込みが増加している店と減少している店はそれぞれ何店あるかを算出したい。

図　再現性3

	A	B	C	D	E
1		前期	今期見込		
2		売上高	売上高	増加店	減少店
3	文京店	949	880	−	1
4	新宿店	638	770	1	−
5	豊島店	634	690	1	−
6	渋谷店	570	630	1	−
7	江東店	1,054	890	−	1
8	墨田店	506	600	1	−
9	葛飾店	728	750	1	−
10	中野店	945	960	1	−
11	練馬店	578	570	−	1
12	品川店	824	760	−	1
13		7,426	7,500	6	4

　今期見込み売上高が変更ないのであれば，つまり変数としてとらえないとすれば，一目で計算できます。答えは増加している店6，減少している店4です。しかし，これでは今期見込み売上高の変更に対して操作性が確保されていません。つまり，モデルとは言えません。

　ですから，モデルとして成立させるための数式を考えなければなりません。

　さあ，どうしますか？

　少しExcelに手馴れた方は，COUNTIF関数などの少し高度な関数を使って記述しようとするでしょう。しかし，COUNTIF関数と言われてもよくわからない人も多いでしょう。つまり，再現性は低いわけです。

　このケースでも関数を全く使用しないで記述することができます。

　計算演算子のみを使って，

　　　セルD3＝((C3−B3)＞＝0)＊1

とすると，売上増加店には1，減少する店には0，という値がそれぞれリターンされます。これを下にコピーし合計すれば求める店数になります。売上減少店は，不等号を逆にして

セルE3＝((C3－B3)＜0)＊1

とすればよいわけです。

また，これらの数式はN関数（4-3-4 N関数参照）を使っても処理できます。その場合，

セルD3＝N((C3－B3)＞＝0)

セルE3＝N((C3－B3)＜0)

という数式になります。

図　再現性4

	A	B	C	D	E	F	G
1		前期	今期見込	増加店	減少店		
2		売上高	売上高	フラグ	フラグ		D列の数式
3	文京店	949	880	－	1		＝((C3－B3)＞＝0)＊1
4	新宿店	638	770	1	－		＝((C4－B4)＞＝0)＊1
5	豊島店	634	690	1	－		＝((C5－B5)＞＝0)＊1
6	渋谷店	570	630	1	－		＝((C6－B6)＞＝0)＊1
7	江東店	1,054	890	－	1		＝((C7－B7)＞＝0)＊1
8	墨田店	506	600	1	－		＝((C8－B8)＞＝0)＊1
9	葛飾店	728	750	1	－		＝((C9－B9)＞＝0)＊1
10	中野店	945	960	1	－		＝((C10－B10)＞＝0)＊1
11	練馬店	578	570	－	1		＝((C11－B11)＞＝0)＊1
12	品川店	824	760	－	1		＝((C12－B12)＞＝0)＊1
13		7,426	7,500	6	4		

このように，一見高度な関数を使わなければならないと思われる局面でも，基本的な技法を組み合わせて処理できることが多いのです。基本的な技法を徹底的にブラッシュアップして再現性の高いモデルを作成しましょう。

2-2-3　読　解　性

モデルの基本指針の最後のポイントは，読解性です。

読解性とは，モデルの構造や数式がすばやく理解できるか，ということです。目で追っていくだけで計算過程や構造がよく理解できるわかりやすいモデルにしようとい

うことです。

読解性の評価ポイントは
- （a）わかりやすさ
    タテ軸ヨコ軸の設定と変数や数式の配置が適切で一見してモデルの計算過程が読めるか
- （b）簡潔であるか
    個々の数式とモデル全体がコンパクトにまとまっているか

になります。

まず，(a)わかりやすさについて見てみます。

例えば，財務モデリングを多少なりとも経験している人は下図のようなタテ軸とヨコ軸を設定することはないでしょう。

図　読解性1

	A	B	C	D	E	F
1						
2		実績		1年目		2年目
3	売上高	750		788		827
4	売上原価	(600)		(630)		(662)
5	販売費・一般管理費	(100)		(103)		(106)
6	営業利益	50		55		59
7						
8		3年目		4年目		5年目
9	売上高	868		912		957
10	売上原価	(695)		(729)		(766)
11	販売費・一般管理費	(109)		(113)		(116)
12	営業利益	64		70		76

多くの人が明らかにおかしいと思うでしょう。が，似たようなレベルのモデルが氾濫しているのもまた事実です。少し複雑なモデルになると，急に上のような変なモデルになったりします。普通は次のように設定するでしょう。時系列に配列されている方がわかりやすい読解性の高いモデルになります。同じ計算をしているモデルでも，読解性に大きな差が生ずるということです。

図　読解性2

	A	B	C	D	E	F	G
			予測				
1							
2		実績	1年目	2年目	3年目	4年目	5年目
3	売上高	750	788	827	868	912	957
4	売上原価	(600)	(630)	(662)	(695)	(729)	(766)
5	販売費・一般管理費	(100)	(103)	(106)	(109)	(113)	(116)
6	営業利益	50	55	59	64	70	76

　また，わかりやすさは，変数や数式の配置方法によっても変わってきます。

　例えば，図 操作性3のシートで，収入は前年伸率5％で5年間一定，支出は収入の80％として5年間一定，という条件をそれぞれ1つのセルで記述しました。この場合下図のようにすれば，5年間一定という条件が言葉で説明しなくとも数字で明確に読めます。

図　読解性3

	A	B	C	D	E	F	G	H	I
1		実績	1年目	2年目	3年目	4年目	5年目		C列の数式
2	収入	100	105	110	116	122	128		＝B2＊(1+C6)
3	支出	80	84	88	93	97	102		＝C2＊C7
4	利益	20	21	22	23	24	26		＝C2－C3
5									
6	収入伸率％		5％	5％	5％	5％	5％		
7	支出/収入％		80％	80％	80％	80％	80％		

　このように数値処理の計算過程や計算式の読解性は軸の設定や数値の配置によって大きく異なってきます。問題なのは，多くの人がこの重要な事実に気が付いてないということです。

　次の例はどうでしょうか。

　取引先A社に対して，与信枠40,000千円に設定しているとします。次の図はA社と取引実績及び取引予測です。この場合，与信をオーバーするか否か確認できるモデルを作成したい。当然，与信枠の見直しは都度行っているので，40,000千円は変数として対応したい。なお，A社との取引は4月より開始しているとし，その条件は月末

締め翌月末であり，遅延はないものとします。

図　読解性4

	A	B	C
1		日付	売上金額
2	実績	04/10	17,000
3	実績	05/10	13,000
4	実績	06/01	8,000
5	実績	06/10	10,000
6	実績	06/25	6,000
7	予測	07/01	11,000
8	予測	07/10	6,000
9	予測	07/25	4,000

いまのシートでは，売上回収の列がなく対応する日付もありません。このまま無理に処理しようとしても，タテ軸ヨコ軸ともに上手くさばくことができません。

読解性に留意して考えると，下図のように売上回収の日付を追加して網羅的に縦軸を設定するのがよいでしょう。

図　読解性5

	A	B	C	D
1		売掛金与信枠	40,000	
2				
3		日付	売上金額	売上回収
4	実績	04/10	17,000	－
5	実績	05/10	13,000	－
6	実績	05/31	－	(17,000)
7	実績	06/01	8,000	－
8	実績	06/10	10,000	－
9	実績	06/25	6,000	－
10	実績	06/30	－	(13,000)
11	予測	07/01	11,000	－
12	予測	07/10	6,000	－
13	予測	07/25	4,000	－
14	予測	07/30	－	(24,000)

このように軸の設定を工夫することにより，以下の処理が極めてスムーズになります。売掛金残高と与信超過額は，操作性と再現性の高い数式を作成することができます。

図　読解性6

	A	B	C	D	E	F
1		売掛金与信枠	40,000			単位：千円
2						
3		日付	売上金額	売上回収	売掛金残高	与信超過額
4	実績	04/10	17,000	－	17,000	－
5	実績	05/10	13,000	－	30,000	－
6	実績	05/31	－	(17,000)	13,000	－
7	実績	06/01	8,000	－	21,000	－
8	実績	06/10	10,000	－	31,000	－
9	実績	06/25	6,000	－	37,000	－
10	実績	06/30	－	(13,000)	24,000	－
11	予測	07/01	11,000	－	35,000	－
12	予測	07/10	6,000	－	41,000	1,000
13	予測	07/25	4,000	－	45,000	5,000
14	予測	07/30	－	(24,000)	21,000	－

売掛金残高の数式は，
　　セルE4＝SUM（$C$4:D4）
また，与信超過額の数式は，
　　セルF4＝（E4－$C$1）＊（E4＞$C$1）
とでき，いずれも下方向にコピーすることができます。

いかがでしょうか？　わかりやすくかつシンプルなモデルになったと思いませんか？　僕は常々「モデルの巧拙は軸によって決まる」と言っています。それほど重要なポイントなのです。

次に(b)簡潔であるかについて考えてみましょう。

以下の想定で，簡単な財務モデルを作成してみます。

―収入／支出／利益という3項目のみの今後5年の収益計画を作成する
―実績値は収入100，支出80，よって利益20
―但し，収入と支出の予測の前提は，以下の3つのケースを想定する

ケース		1年	2年	3年	4年	5年
楽観ケース	収入伸率%	5%	6%	7%	4%	4%
	支出/収入%	80%	81%	82%	81%	81%
ベースケース	収入伸率%	3%	4%	4%	2%	1%
	支出/収入%	81%	81%	81%	82%	82%
悲観ケース	収入伸率%	1%	2%	2%	0%	0%
	支出/収入%	81%	82%	82%	83%	83%

このようなケースで，やってはいけないことは以下のようなモデルを作ることです。例えば，楽観ケース，ベースケース，悲観ケース，の3つのモデルを作ることです。

図　読解性7

	A	B	C	D	E	F	G
1	楽観ケース	実績	1年目	2年目	3年目	4年目	5年目
2	収入	100	105	111	119	124	129
3	支出	80	84	90	98	100	104
4	利益	20	21	21	21	24	24
5							
6		収入伸率	5%	6%	7%	4%	4%
7		支出/収入率	80%	81%	82%	81%	81%
8							
9	ベースケース	実績	1年目	2年目	3年目	4年目	5年目
10	収入	100	103	107	111	114	115
11	支出	80	83	87	90	93	94
12	利益	20	20	20	21	20	21
13							
14		収入伸率	3%	4%	4%	2%	1%
15		支出/収入率	81%	81%	81%	82%	82%
16							
17	悲観ケース	実績	1年目	2年目	3年目	4年目	5年目
18	収入	100	101	103	105	105	105
19	支出	80	82	84	86	87	87
20	利益	20	19	19	19	18	18
21							
22		収入伸率	1%	2%	2%	0%	0%
23		支出/収入率	81%	82%	82%	83%	83%

　収入から利益のモデルの部分が3つ存在していて，重複していることがわかります。この段階では項目が少ないので，結果としてモデル全体の大きさはそれほど大きくなっていません。しかし，もっと細分化して売上高から当期純利益，さらに貸借対照表やキャッシュ・フロー，または財務分析指標の計算等々，財務モデルが拡張された場合，どうなるでしょうか？

――✎メモ―――――――――――――――――――――――――――――――

まずは，3つのシートに展開するでしょう。楽観ケースのシート，ベースケースのシート，悲観ケースのシート，と。さらに，それぞれのケースが複数のシートに展開されるようになると，今度は3つのファイル（ブック）に展開します。これでは，コンパクトではなくなってしまうわけです。

　このように大きなモデルは，何がどう計算されているのか理解するのに大変苦労します。いくら，操作性が高く変数の操作が簡単でも，再現性が高く簡単な技法でモデルが作られていても，です。ですから，なるべくコンパクトにモデルを仕立てるべきです。数式も同じです。意味もなく長い数式は読み解くのに大変です。

　コンパクトであることの評価ポイントは明解で，以下のようになります。
- 複数のファイルよりも1つのファイル
- 複数のシートよりも1つのシート
- 1つのシートの中で大きな領域よりも小さな領域

にまとめることです。

　では，この例ではどうしたらよいのでしょうか？
- まずモデル（収入〜利益）を1つにする
- セルB5を使い，3つのケースを分岐させる
- もちろん，そのための技法を習得し使用する

これで大丈夫です。

　セルB5に1を入力すると楽観ケース，2を入力するとベースケース，3を入力すると悲観ケース，と3つのケースを分岐させます。このようなセルB5に入力する1,2,3という数値をフラグと呼びます（4-4-4 手動分岐フラグ参照）。

メモ

図　読解性8

	A	B	C	D	E	F	G
1			実績	1年目	2年目	3年目	4年目	5年目
2		収入	100	105	111	119	124	129
3		支出	80	84	90	98	100	104
4		利益	20	21	21	21	24	24
5		ケース	1					
6	楽観ケース							
7		収入伸率	5%	6%	7%	4%	4%
8		支出/収入率	80%	81%	82%	81%	81%
9	ベースケース							
10		収入伸率	3%	4%	4%	2%	1%
11		支出/収入率	81%	81%	81%	82%	82%
12	悲観ケース							
13		収入伸率	1%	2%	2%	0%	0%
14		支出/収入率	81%	82%	82%	83%	83%

　さて，セルC2とセルC3にはどのような数式を入力したらよいでしょう。ちなみに，この場合実現するための技法は数多くあります。

　まず，一般的にはIF関数を使って

　　　セルC2＝B2＊(1＋IF($B$5＝1,C7,IF($B$5＝2,C10,C13)))
　　　セルC3＝C2＊IF($B$5＝1,C8,IF($B$5＝2,C11,C14))

とする人が多いでしょう。しかし，この数式は冗長でわかりにくい。モデルはコンパクトになりましたが，数式がコンパクトではなくなりました。読解性が低い技法です。

　再現性という観点からは，IF関数を使わず演算子を使います。

　　　セルC2＝B2＊(1＋($B$5＝1)＊C7＋($B$5＝2)＊C10＋($B$5＝3)＊C13)
　　　セルC3＝C2＊(($B$5＝1)＊C8＋($B$5＝2)＊C11＋($B$5＝3)＊C14)

　しかし，この場合も数式は長くて読解性が高いとは言えません。

　ここでは，CHOOSE関数を使うとシンプルで読解性が高い数式になります。

　　　セルC2＝B2＊(1＋CHOOSE($B$5,C7,C10,C13))
　　　セルC3＝C2＊CHOOSE($B$5,C8,C11,C14)

── メモ ──

CHOOSE関数はそれほど難しくはないのですが使い勝手が良い関数です（4-3-6 CHOOSE関数参照）。

　また，OFFSET関数（4-3-7 OFFSET関数参照）も使えます。
　　セルC2＝B2＊(1＋OFFSET(C6,$B$5＊3－2,0))
　　セルC3＝C2＊OFFSET(C7,$B$5＊3－2,0)

　いろいろな技法が考えられますが，これが一番短いでしょう。が，理解するのが難しいという再現性の問題と，セル参照をずらしているので馴れないとわかりにくいという読解性の問題があります。応用範囲の広い技法ですから上級者にはお勧めしておきます。このように読解性と再現性は時にトレード・オフすることがあります。状況に応じて使い分けしてください。

　読解性を高めるためには，まずは簡潔にモデルをまとめることが重要となります。しかし，簡潔過ぎて計算過程がよくわからないモデルも困ります。したがって，このバランスを頃合いの良いところでいかに取るか，が重要なポイントになります。

2-3 プロセスの基本指針

2-3-1 作成スピード

プロセスの基本指針の最初のポイントは作成スピードです。

作成スピードとは、財務モデリングをすばやく作成することです。

作成スピードの評価ポイントは

　　（a）キーボード操作を活用できるか

　　（b）キーボード操作を活用できる環境を整えているか

となります。

2-2-1 操作性で考えたケースを、もう一度見てみましょう。

以下の想定で、簡単な財務モデルを作成してみます。

―収入/支出/利益という3項目のみの今後5年の収益計画を作成する

―実績値は売上100、支出80、利益は20（ただし、ここから計算する）

―予測の前提は

　　・収入は毎年前年伸率5%で5年間一定

　　・支出は収入の80%とし5年間一定

図　作成スピード1

	A	B	C	D	E	F	G	H	I
1		実績	1年目	2年目	3年目	4年目	5年目		C列の数式
2	収入	100							
3	支出	80							
4	利益								
5									
6	収入伸率		5%	一定					
7	支出/収入%		80%	一定					

まずは初期値を入力します。

ここまでは数値データと文字列データをキーボードで単純に入力するだけです（多少、書式設定の操作はありますが）。操作方法は特に問題ありません。方法も多くありません。

メモ

....
....
....
....
....

さて，ここからが問題です。単なるにデータの入力ではなく，セル参照を使って数式を入力することになるからです。操作方法のバリエーションは加速度的に増加します。

　まずは，セルB4について考えてみます。セルB4には＝B2－B3という数式を入力するのが基本的処理でしょう。SUM関数を使って＝SUM(B2, －B3) という数式も一応考えられますが，実践的ではありません。

　操作という観点からは，とりあえず数式の最初の部分，B2のセル参照のために［＝］（等号）を入力するところから考えてみましょう。

　英語キーボードには［＝］というキーがあります。しかし，日本語キーボードには［＝］というキーはありません。日本語キーボードでは［＝］は，［－］キーに［Shift］キーを押さないといけません。この［Shift］＋［－］（＋は同時に押すという意，以下同様）という操作，通常左手（［Shift］キー）と右手（［－］キー）を使います。冷静に考えると，そこそこ手間です。

　実は，数式のスタートは［＋］（マイナスなら［－］）でもOKです。一般的な外付けキーボード（日本語109キーボード）ならテンキーが付いてます。テンキーの［＋］で数式がスタートできるわけです。これは右手一本で入力できるので楽です。このような基本中の基本の操作方法にもバリエーションがあるのです。

　さて，次はいよいよB2というセル参照の入力です。ここで，B2のセル参照の指定方法は主に以下の3つです。

　　●マウスで指定
　　●キーボードから番地を打鍵（直接入力）
　　●キーボードの［方向］キーで指定（カーソル）

どの操作方法が速いか，前後の操作の関連もあるので一概にこれとは言えません。が，95％くらいの確率でキーボードの［方向］キーで指定する方法が一番速いでしょう。ですから，セル参照はカーソルで指定するべきです。セル参照の指定方法が決まれば，＝B2－B3という単純この上ない数式はこれで終了です。ここまでが「(a)キーボード操作を活用できるか」，というポイントになります。

　しかし，スピードを考えるともう少し工夫ができます。

　まず，最初の入力方法が違います。先に，収入100，支出80と実績値を入力しましたが，上のように，収入100，支出－80と入力します。

メモ

図　作成スピード２

	A	B	C	D	E	F	G	H	I
1		実績	1年目	2年目	3年目	4年目	5年目		C列の数式
2	収入	100							
3	支出	－80							
4	利益	20							
5									
6	収入伸率		5%	一定					
7	支出/収入%		80%	一定					

なぜなら，このようにするだけで，数式入力のスピードが全然違うからです。

セルB4にはどのように数式を入力したらよいでしょうか？　＝B2＋B3という数式でしょうか？

この場合，＝SUM（B2：B3）という数式を入力することがベストな選択となります。なぜか？　ここはとても重要なポイントです。

ExcelにはオートSUMという機能があります。これは連続したデータをSUM関数により加算する機能です。このケースでは，B4をアクティブにして，オートSUM機能を使うと，＝SUM（B2：B3）という数式を一気に入力することができます。

さらに，オートSUMにはキーボード・ショートカットが割り当てられています。［Alt］＋［Shift］＋［＝］と操作します（4-1-4 入力関連のキーボード・ショートカット参照）。つまり，B4をアクティブにしてキーボード・ショートカットにより＝SUM（B2：B3）という数式を一瞬で入力できるわけです。

やってみるとすぐにわかりますが，＝B2＋B3という数式を入力するよりも，圧倒的に速いのです。どんなにセル参照をすばやく指定しても追いつきません。

数式のクオリティが大差ないとしたら，これだけ操作のスピードの差があると他の選択の余地はありません。

このように，特に操作についてはまずはどのような技法があるか「知る」ことが重要です。財務モデリングの他の局面・事柄について，例えばビジネス・ロジックは，少し考えると良いアイディアが浮かぶことがあります。しかし，操作技法は，どんなに頭がいい人がどんなに考えても，知らないものは手も足も出ません。オートSUM

のショートカットが［Alt］+［Shift］+［=］ということは自分で考えても思い浮かぶわけがありません。

さらに，もう1つ重要なことがあります。とても重要なことです。

オートSUMのショートカットは，財務モデルの構造を収入100，支出-80と入力したから有効な技法だということです。勝負はこの時点で決まっているわけです。これが，「(b)キーボード操作を活用できる環境を整えているか」，というポイントです。

収入100，支出80と入力した方法でも，オートSUMのキーボード・ショートカットを使うことは可能です。が，オートSUMで入力された=SUM(B2：B3)という数式を=SUM(B2,-B3)という数式に編集しなければなりません。かえって面倒ですから有効な技法ではありません。

利益の数式はオートSUMのキーボード・ショートカットを使うと入力操作が速い，そこから逆算して，モデルの初期値の入力方法を工夫するわけです。このような工夫が財務モデル作成のスピードに大きく影響してきます。しかも，とても簡単で単純な工夫です。

作成スピードというと，単にキーボード・ショートカットを覚えればそれでよい，と勘違いされている人も多いでしょう。モデルの構造を変えキーボード操作を活用できるように整備する，そこまで考えて財務モデリングを行うことが重要です。それがあっての個別の技法です。

そのためには，どんなに簡単な数式でも，一応どのような入力方法があるのか，その可能性を洗い出して考えてみることが重要です。その上で，その場その場に応じたベストな選択をするようにする。このような訓練が，財務モデリングの作成スピードを向上させるわけです。

また，このようなほんの少しの簡単で単純な工夫で効率がアップする例は，他にもたくさんあります。

例えば，Excelの設定の変更です。

入力の際，［Enter］キーを押すとカーソルは下に移動します（3-6-1 セルへのデータの入力参照）。それを

- 数値や文字列を入力する作業の時は下もしくは右に移動
- 数式を入力する作業の時は移動しない

という作業シーンによって設定を使い分けます。これだけでスピードは著しく向上し

ます。

　特に数式を入力する時は，入力した直後に範囲指定してコピーをすることが多いので，［Enter］キーを押した時にカーソルが移動しない方が良いのです。これはExcelのオプションの設定で変更できます。

2-3-2　作成効率

　プロセスの基本指針の次のポイントは，作成効率です。

　作成効率とは，無駄のない操作により数式を作成することです。操作は速いに越したことはありません。が，操作が速いだけでは不完全です。1つ1つの操作が速くても無駄なことばかりしていては困ります。

　作成効率の評価ポイントは

　　（a）数式の入力数が少ないか

　　（b）入力数を少なくする数式を作成しているか

となります。

　さて，先ほどのケースを使って説明しましょう。前回，セルB4まで終了しました。

図　作成効率1

	A	B	C	D	E	F	G
1		実績	1年目	2年目	3年目	4年目	5年目
2	収入	100					
3	支出	−80					
4	利益	20					
5							
6		収入伸率	5%				
7		支出/収入%	80%				

　次に，収入予測1年目のセルC2について考えてみましょう。ここは，

　　・＝B2＋B2＊C6

　　・＝B2＊（1＋C6）

という式が考えられます。数式のわかりやすさという点では後者の方が若干優れているでしょうか。が，大きな問題があります。この式だと，

・予測2年目セル D2 = C2 * (1 + C6)
・予測3年目セル E2 = D2 * (1 + C6)
・予測4年目セル F2 = E2 * (1 + C6)
・予測5年目セル G2 = F2 * (1 + C6)

と，同じような数式をあと4つ入力しなければなりません。

　しかし，このような数式を作成していると，どんなに操作のスピードが速くても全体のスピードは上がってきません。「(a)数式の入力数が少ないか」とは，まさにこのことを指しています。数式入力数が少なければ時間が短縮できます。同時に，入力数が少なければミスする確率も小さくなります。見直しの労力も少なくてすみます。

　与えられた問題を整理してみます。要は，所定の領域に必要な数式を入力しましょう，ということです。数字で表現すると，タテの項目が3，ヨコの項目が5，3×5 = 15のセルに15の数式を入力することになります。つまり，問題は15の数式をいかに効率よく作成するかということになります。

　しかし，15の数式を入力するといっても，本当に15回数式を入力する人はいません。いくら1つ1つの操作スピードが速くても，15回入力する人と，2〜3回しか入力しない人では，仕上がりのスピードに差が出て当然です。

　数式入力の効率性は「入力レバレッジ」で考えると分かりやすいと思います。入力レバレッジは，n個の数式を作成する場合に何回数式を入力するかという比率です。5個の数式を作成する場合に1回数式を入力する場合，1：5という比率になります。先ほどの収入の数式では，5個の数式を作成するのに，5回数式を入力するので，5：5ということになります。5：5よりも1：5の方がレバレッジが高く効率的であることになります。

　入力レバレッジを高めるためにはコピーという機能[7]を使わなければいけません。逆に，コピーをしても成立する数式を作成できなければいけません。これが，「(b)入力数を少なくする数式を作成しているか」というポイントになります。

　収入予測1年目のセルC2に話を戻すと，コピーしても有効な数式を作成しなければなりません。そのためには，絶対参照（4-2-3 セル参照の基本参照）について理解していなければいけません。こうするとセルC2にはどのように数式を入力すべきか？

　　　セル C2 = B2 * (1 + $C$6)

という式になります。

図　作成効率2

	A	B	C	D	E	F	G	H	I
1		実績	1年目	2年目	3年目	4年目	5年目		C列の数式
2	収入	100	105	→	→	→	→		=B2*(1+$C$6)
3	支出	−80							
4	利益	20							
5									
6	収入伸率		5%	一定					
7	支出/収入%		80%	一定					

絶対参照を使い,
- 収入予測1年目のセルC2に =B2*(1+$C$6) を入力する
- セルC2を予測2年目～予測5年目（セルD2からG2）へコピー

することにより，収入の数式は完成です。

しかし，収入予測1年目のセルC2については他にも
- =(1+$C$6)*B2
- =B2+B2*$C$6
- =B2*$C$6+B2

という数式でも同じ結果が得られます。

また，コピーできる数式ということであれば，関数を使って,
- =SUM(B2, PRODUCT(B2, $C$6))
- =PRODUCT(B2, SUM(1, $C$6))

という数式も同じ結果が得られます，意味もなく複雑ですが。

結果が同じであるという条件だけなら,
- =B2*(1+$C$6)+($B$2−$B$2)
- =B2*(1+$C$6)+(100−100)

という，ばかばかしい式も含めると，無限の可能性があります。

無限の可能性の中で，なぜ =B2*(1+$C$6) という数式がよいのでしょう？　どのように選択したらよいのでしょう？　このような簡単な数式であっても，ひとつひ

とつ作成効率という「狙い」を持って作成しなければならないのです。

2-3-3　マネジメント

プロセスの基本指針の最後のポイントは，マネジメントです。

マネジメントとは，財務モデリングのプロセスを適切に管理することができるかということです。

マネジメントの評価ポイントは

　（a）どのような数値処理の手法を採用するか

　（b）必要な情報をタイムリーに入手できるか

となります。

まず，(a)どのような数値処理の手法を採用するか，です。

大枠の数値処理の手法（ビジネス・ロジック）を決定し，必要であれば関係者と合意することが必要です。決定しないと作業が開始できません。拙速に始めて後で大きな変更を余儀なくされると作業時間とモデルが無駄になってしまいます。

簡単な例で考えてみましょう。

次のような投資案件を実行するか否かを分析したいとします。今直ちに100投資すると，1年後に10, 2年後15, 3年後17, 4年後20, 5年後80というリターンがあるという案件です。

財務モデリングの入り口として，どのような手法（ビジネス・ロジック）を用いるのか決定しないと話が始まりません。この場合，投資案件の評価には多くの手法が考えられるからです。社内のルールとして定められている場合は合意の必要はありません。が，ルールも何もない場合は，自分でもっとも合理的と思われる手法を選択しプロセスを組み立てます。

その際，制約条件（期限，人員，情報ソース等）を確認することが必要です。財務モデリングに限らず，ビジネスでは常に制約条件下でのベストを目指すことになります。つまり，何が何でも精度の高いモデルを作るという発想は大学の研究室ではよいかもしれませんが，ビジネスの文脈では通用しないということです。できていない，期待レベルに達していない，というのは問題外ですが，それ以上に気をつけなければいけないのは「やりすぎ」です。

次に，(b)必要な数値情報をタイムリーに入手できるか，です。

数値情報の受け渡しがスムーズに行われるようにプロセスを管理することです。全ての情報を自分たちで管理していることはありません。関連各部に必要な情報の加工を依頼しなければならないこともあります。もしくは，外部の調査会社などに依頼することもあるでしょう。外部に依頼すべきものは早く依頼しないと期限に間に合わなくなります。重要な情報の入手が遅れるとそこがボトルネックになって全体の進行を遅らせることになります。具体的には

- どのような情報が必要か洗い出す
- 前提となる変数を決定する／担当各部に依頼する

が主なポイントになります。

先ほどの投資案件の例で，NPVという手法（5-4 NPV参照）を選択したとします。すると，割引率という数値情報が追加で必要になります。次に，これは企業内で定められたものがあるのか，自分たちで計算するのか，計算するとしたらどのようなビジネス・ロジックでどのような数値情報が必要になるか，等々プロセスを組み立てることになります。

財務モデリングでは，数値情報はすべて変数として扱います。しかし，一口に変数といっても様々な種類があります。変数の特性をよく理解してモデリングすることが重要となります。

変数の種類は大きく3つに分類できます。

- 環 境 変 数

  主に外部要因により左右される，十分に予測できない変数のこと。例えば，為替レート，金利水準，税率等が典型的。販売数量も環境変数です。環境変数は感応度分析やストレス・テストなどにより，経済性を吟味することになります。

- 経 営 変 数

  企業が主体的に決定できる変数で，意思決定変数とも呼びます。例えば，販売単価，設備投資額等が典型的です。戦略シナリオを変化させて経済性を吟味するシナリオ分析を行います。マネジメントという観点からは，経営変数をいかに効率的に入手するかがポイントになります。

- 特 殊 変 数

  自身は意味を持たない，数値処理を円滑に行うための変数のこと。一般には，商品コード，顧客コード，社員番号等がこれにあたる。本書では「フラグ」と

統一的に呼ぶことにします（4-4 フラグ参照）。
　環境変数／経営変数／特殊変数の性質の違いを意識して財務モデリングをしなければなりません。
　先ほどの投資案件の例では投資額もリターンも所与のように提示しましたが，本当にそうなのかを吟味する必要があります。
- 100という投資額は変更できないのか／他社とシェアできないのか
- リターンはどの程度確実なのか
- リターンは経営アクションによって増減があるのか
- 投資後にどのような経営アクションができるのか

どの変数が環境変数でどの変数が経営変数かを切り分けることが，財務モデリングからの洞察に厚みを持たせるポイントになることがあります。単に投資できる／できないだけでなく，どうしたらできるようになるか，どうなったらできないか，という洞察まで踏み込めるか否かということです。

　また，マネジメントでもう1つ重要なことがあります。
　財務モデリングというExcel上で記述することの是非そのものまで踏み込んで考えてみるべき，ということです。具体的に言うと以下になります。
- 財務モデリング（Excel）で何ができるか／できないか
- 財務モデリング（Excel）で対応すべきか／すべきでないか

　「できるか／できないか」というレベルで言うと，大変多くのことができてしまいます。Excelの便利なところ素晴らしいところです。人材育成と言う観点からは，できないことをできるようにしていくことが重要です。
　しかし，「すべきか／すべきでないか」というレベルになると違います。いくらできるといっても，何でもかんでもExcelで処理しよう，財務モデリングで片付けよう，でいいのでしょうか？　会計システムなどの業務システムの数字を修正するためにExcelのスプレッドシートを用いている企業も少なくありません。また，前任者から引き継いで，前任者はその前の前任者から引き継いで…，と凝り固まった遺産のようなExcelのシートで無理矢理作業している，という人も多いと思います。それで本当にいいのでしょうか？
　基本的に，継続的にデータが蓄積されるような分野は財務モデリングには馴染みま

せん。Excelにはデータベース的機能はありますが相対的に弱い部分です。特に予算策定や資金繰り分析など，大量のデータを扱う場合は専用のデータベース等を用いるべきでしょう。勝手な改変など統制上の問題の以前に，単純なミスが出てしまったり，そのミスを気付かなかったり，多くのリスクを抱えることになります。

特に経験豊富な上級者はこのようなテクノロジーに敏感になるべきです。無理にExcelで処理すると大きな痛手を被ることになります。他のテクノロジーを積極的にウォッチする姿勢が大切ですし，実際に実用的なテクノロジーはいくつか世に出ています。

（注）
6 ＝SUM(OFFSET(C4,0,0,1,C9)) という方法もあります。
7 複数セルへの同時入力という機能も使うことができます。

第 **3** 章

Excelの基本知識

- ■ 3-1　Excelの基礎知識
- ■ 3-2　ブックの基本操作
- ■ 3-3　ワークシートの基本操作
- ■ 3-4　セルの選択
- ■ 3-5　コピーと移動
- ■ 3-6　セルの入力の基本操作
- ■ 3-7　書 式 設 定

3-1　Excelの基礎知識

3-1-1　各種名称の確認

　Excelはブック→ワークシート→セルという単位で構成されています。

（a）ブック

　エクセルではファイルを保存する際にブックという単位で保存をします。ブックとは複数のワークシートをまとめたものです。単にファイルと呼ぶこともあります。

（b）ワークシート

　ワークシートは実際に作業をする計算用紙のようなものです。財務モデリングでは複数のワークシートを使うことが通常です。ワークシート間で変数の参照を行うことも可能です。また，ワークシートは追加／削除することができます。単にシートと呼ぶこともあります。

（c）セル

　セルはワークシート上のマス目のことです。数値や文字列などのデータを入力する最小単位です。ひとつひとつのセルには，それぞれ固有のセル番地があり，列番号と行番号の組み合わせで呼びます。例えば，列Aの1行目のセルならセルA1，列Bの2行目ならセルB2になります。セルには各種の書式設定ができます。

（d）セル範囲

　シート上の2つ以上のセルのことです。セル範囲を指定する場合，隣接した複数のセル，または隣接していない複数のセルをセル範囲として選択できます。

　また，Excelの操作ではダイアログボックスによる指定も多く出てきますので確認しておきましょう。ダイアログボックスはユーザーが行った操作に対してExcelが必要な情報を選択して欲しいとき現れます。ダイアログボックス内で必要な情報を入力すると処理が進みます。

3-1-2　基本機能の確認

　Excelに装備されている主な基本機能について説明します。

（a）ファイル関連

ファイルの保存や印刷ができます。

（b）編集関連

セルのコピーや貼り付けを行うことができます。

（c）表示関連

ワークシートの表示についての設定をすることができます。

この他にデータベース機能，グラフ機能，Excelの設定，などもあります。基本機能はメニューに登録されています。ただし，財務モデリングでは一部の機能しか使わないので，上記（a）〜（c）に加え数値処理や分析に必要な最低限の機能を知っていれば十分です。

メニューはマウスで指定することもできますが，［Alt］キーによっても指定することができます。また，キーボード・ショートカットが設定されていることもあります。

以降，Excelの基本的な機能とその操作について説明します。

注）以降のキーボード・ショートカットの表記の方法
・Excel2007とExcel2003を併記しています
・OSはWindowsを想定しています
・特別な指定がない限り，マウスを使った場合の操作方法と考えてください

3-2　ブックの基本操作

3-2-1　新しい空白のブックを開く

Excel2007の操作
- （Microsoft Officeボタン）をクリック
- ［新規作成］をクリック
- ［テンプレート］の［空白のファイル／最近使用したテンプレート］が選択されていることを確認し，右側のウィンドウで［空白のファイル／最近使用したテンプレート］の［新しいブック］をダブルクリック

Excel2003の操作
- ［メニュー］の［ファイル］をクリック
- ［新規作成］をクリック
- ［新しいブック］作業ウィンドウの［空白のブック］をクリック

ショートカット・キー［Ctrl］+［N］でも操作できます。

既定では，新しいブックには3つのワークシートが含まれています。基本設定により，新しいブックに含めるワークシートの数を変更できます。
必要に応じて，ワークシートを追加または削除することもできます。

3-2-2　ファイルを保存する

Excel2007の操作
- （Microsoft Officeボタン）をクリック
- ［上書き保存］をクリック

Excel2003の操作
- ［メニュー］の［ファイル］をクリック
- ［上書き保存］をクリック

メモ

ショートカット・キー［Ctrl］+［S］でも操作できます。

また，ファイルのコピーを保存する操作は以下のように行います。
Excel2007の操作
- （Microsoft Officeボタン）をクリック
- ［名前を付けて保存］をクリック
- ［ファイル名］ボックスに保存するファイルの新しい名前を入力
- ［保存］をクリック

Excel2003の操作
- ［メニュー］の［ファイル］をクリック
- ［名前を付けて保存］をクリック
- ［ファイル名］ボックスに保存するファイルの新しい名前を入力
- ［保存］をクリック

3-2-3　ブックを閉じる
Excel2007の操作
- 閉じるブックをアクティブにする
- （Microsoft Officeボタン）をクリックし，［閉じる］をクリック

Excel2003の操作
- 閉じるブックをアクティブにする
- ［メニュー］の［ファイル］をクリック
- ［閉じる］をクリック

ショートカット・キー［Ctrl］+［F4］でも操作できます。

3-2-4　ワークシートを印刷する
Excel2007の操作
- （Microsoft Officeボタン）をクリック

- ［印刷］をクリックすると印刷内容を正確に指定できます。ブック内のすべてのワークシート，選択した1つまたは複数のワークシート，またはワークシートの選択した部分のみを印刷できます。
- ワークシートの特定の部分を何度も印刷する場合は，印刷範囲を設定できます（［印刷レイアウト］タブの［ページ設定］）。これにより，ワークシートを印刷するたびに指定された印刷範囲だけを印刷することができます。

Excel2003の操作
- ［ファイル］メニューの［印刷］をクリック
- ［印刷対象］にあるオプションの，選択したセル範囲，作業中のワークシート，ブック全体から印刷する対象を選択

ショートカット・キー［Ctrl］＋［P］で印刷ダイアログボックスを表示することができます。

3-3　ワークシートの基本操作

3-3-1　ワークシートを挿入する
Excel2007の操作
- 新しいワークシートを既存のワークシートの末尾に挿入
  - 画面の下部の［ワークシートの挿入］タブをクリック
- 新しいワークシートを既存のワークシートの前に挿入
  - ワークシートを選択
  - ［ホーム］タブの［セル］で［挿入］をクリック
  - ［シートの挿入］をクリック

Excel2003の操作
- メニューの［挿入］をクリック
- ［ワークシート］をクリック

　既存のワークシートの見出しをマウスの右ボタンでクリックし［挿入］をクリックすることにより操作できます（Excel2007, Excel2003共通）。
　ショートカット・キー［Shift］+［F11］または［Alt］+［Shift］+［F1］でも操作できます。

3-3-2　複数のワークシートを同時に挿入する
Excel2007の操作
- ［Shift］キーを押しながら，挿入するシートと同じ数だけ，既存のワークシートの見出しを選択
- ［ホーム］タブの［セル］で［挿入］をクリック
- ［シートの挿入］をクリック

Excel2003の操作
- ［Shift］キーを押しながら，挿入するシートと同じ数だけ，既存のワークシートの見出しを選択

- メニューの［挿入］をクリック
- ［ワークシート］をクリック

3-3-1 ワークシートを挿入すると同様，既存のワークシートの見出しをマウスの右ボタンでクリックし［挿入］をクリックすることにより操作できます（Excel2007，Excel2003共通）。ショートカット・キー［Shift］＋［F11］または［Alt］＋［Shift］＋［F1］でも操作できます。

3-3-3 ワークシートの名前を変更する
Excel2007の操作
- ［シート見出し］バーで，名前を変更するシートの見出しをマウスの右ボタンでクリックし，［名前の変更］をクリック
- 表示されているシート名を選択し，新しいシート名を入力

Excel2003の操作
- メニューの［書式］をクリック
- ［シート］をポイントし，［名前の変更］をクリック
- 表示されているシート名に，新しいシート名を入力

ワークシートの見出しをダブルクリックすることにより操作できます（Excel2007，Excel2003共通）。

3-3-4 ワークシートを削除する
Excel2007の操作
- 削除する1つまたは複数のワークシートを選択
- ［ホーム］タブの［セル］で［削除］の横にある矢印をクリックし，［シートの削除］をクリックします。

Excel2003の操作
- 削除する1つまたは複数のワークシートを選択

メモ

- メニューの［編集］をクリック
- ［シートの削除］をクリック

　削除するワークシートの見出しを右クリックして，［削除］をクリックすることもできます（Excel2007，Excel2003共通）。

3-3-5　ワークシートを移動またはコピーする

Excel2007の操作

- 移動またはコピーするシートを選択
- ［ホーム］タブの［セル］で［書式］をクリックし，［シートの整理］で［シートの移動またはコピー］をクリック
- ［移動先ブック名］ボックスの一覧で，次のいずれかの操作を行う
  ・選択したシートの移動先またはコピー先のブックをクリック
  ・選択したシートを新しいブックに移動またはコピーする場合は，［新しいブック］をクリック
- ［挿入先］ボックスの一覧で，次のいずれかの操作を行う
  ・シートを移動またはコピーする位置の直後にあるシートをクリック
  ・ブックの最後のシートの後ろにある［ワークシートの挿入］タブの前の位置にシートを移動またはコピーする場合は，［末尾へ移動］をクリック

Excel2003の操作

- 移動またはコピーするシートを選択
- ［編集］メニューの［シートの移動またはコピー］をクリック
- ［移動先ブック名］ボックスの，シートを移動またはコピーするブック名をクリック
- 新規ブックにシートを移動またはコピーするには，［(新しいブック)］をクリック
- ［挿入先］ボックスの，シートを移動またはコピーする位置の前にあるシート名をクリック
- シートを移動しないでコピーするには，［コピーを作成する］チェックボックスをオンにする

メモ

3-4 セルの選択

3-4-1 セルの選択

セルまたはセル範囲（4-2-3 セル参照の基本参照）を選択する方法について説明します。セルの選択は基本中の基本の操作ですから，すべてをスムーズに行うことが必要です。

選択の対象は以下となります。
- 1つのセル
- セル範囲
- ワークシートのすべてのセル
- 隣接しない複数のセル範囲
- 行または列全体
- 隣接する複数の行または列
- 隣接しない複数の行または列

以下，順に説明していきます。

基本的にはExcel2007とExcel2003は同じ操作方法です。むしろここではマウスとキー操作を対照させて説明します。

3-4-2 1つのセルを選択

マウスの操作
- 選択するセルをクリック

キー操作
- ［方向］キーを押して選択するセルに移動

3-4-3 セル範囲を選択

マウスの操作
- 選択範囲の左上隅のセルをクリック
- 右下隅のセルまでドラッグ

メモ

キー操作
- [Shift] キーを押しながら [方向] キーを押して選択範囲を拡張
- また，選択範囲の左上隅のセルを選択して [F8] キーを押し，[方向] キーで選択範囲を拡張
- 選択範囲の拡張を終了するには，[F8] キーを再度押す

3-4-4　ワークシートのすべてのセルを選択
マウスの操作
- 全セル選択ボタン（ワークシートの左上頂点のボタン）をクリック

キー操作
- ショートカットキー [Ctrl] + [A]

3-4-5　隣接しない複数のセル範囲を選択
マウスの操作
- 選択する最初のセル範囲を選択
- [Ctrl] キーを押しながら次のセル範囲を選択

キー操作
- 最初のセル範囲を選択
- [Shift] キーを押しながら [F8] キーを押し隣接しない別のセル範囲を選択に追加
- 選択へのセル範囲の追加を終了するには，[Shift] キーを押しながら [F8] キーを再度押す

3-4-6　行または列全体を選択
マウスの操作
- 行番号または列番号をクリック

メモ

キー操作
- 行全体を選択：ショートカットキー［Shift］+［スペース］
- 列全体を選択：ショートカットキー［Ctrl］+［スペース］

3-4-7　隣接する複数の行または列を選択
マウスの操作
- 行番号または列番号に沿ってドラッグ

キー操作
- 最初の行または列を選択
  - ・行全体を選択：ショートカットキー［Shift］+［スペース］
  - ・列全体を選択：ショートカットキー［Ctrl］+［スペース］
- ［Shift］キーを押しながら末尾の行または列を選択

3-4-8　隣接しない複数の行または列を選択
マウスの操作
- 選択する最初の行または列の行番号または列番号をクリック
- ［Ctrl］キーを押しながら，選択範囲に追加する他の行または列の行番号または行番号をクリック

キー操作
- 最初の行または列を選択
  - ・行全体を選択：ショートカットキー［Shift］+［スペース］
  - ・列全体を選択：ショートカットキー［Ctrl］+［スペース］
- ［Shift］キーを押しながら［F8］キーを押し隣接しない別の行または列を選択し追加

メモ

3-5 コピーと移動

3-5-1 セルのコピーと移動について

セルのコピーと移動について説明します。

入力したデータは，別のセルへ移動・コピーすることができます。移動・コピーにより一度入力したデータを活用できます。

コピーと移動の違いは，
- コピーは元のデータを残す
- 移動は元のデータは残さない

ということです。

セルを移動するとセル参照は調整されず参照エラーとして表示される可能性があります。この場合は，参照を手動で調整する必要があります。

一方，セルをコピーするとセル参照が自動的に調整されます。相対参照が含まれる数式をコピーすると，相対参照部分は元の数式と同じ状態でコピーされます。コピーした数式に絶対参照（4-2-3 セル参照の基本参照）が含まれている場合，コピーする数式の参照は変更されません。予測した結果と異なる場合は，元の数式でのセル参照を相対セル参照または絶対セル参照に変更してから，もう一度セルをコピーすることもできます。

3-5-2 セル全体を移動，コピーする

セルを移動またはコピーすると，数式，数式の計算値，セルの書式，およびコメントを含むセル全体が移動またはコピーされます。

Excel2007の操作
- コピーまたは移動するセルを選択
- ［ホーム］タブの［クリップボード］で，次のいずれかの操作を行う
  - ・セルの移動　：（切り取り）をクリック
  - ・セルのコピー：（コピー）をクリック
- 貼り付け領域の左上隅のセルをクリック
- ［ホーム］タブの［クリップボード］で，（貼り付け）をクリック

Excel2003の操作
- コピーまたは移動するセルを選択
- メニューの［編集］で，次のいずれかの操作を行う
  - ・セルの移動　：(切り取り) をクリック
  - ・セルのコピー：(コピー) をクリック
- 貼り付け領域の左上隅のセルをクリック
- メニューの［編集］で（貼り付け）をクリック

マウスを使用したドラッグ・アンド・ドロップ編集によりセルを移動またはコピーすることができます（Excel2007，Excel2003共通）。
- 移動やコピーを行うセルまたはセル範囲を選択
- 次のいずれかの操作を行います。
  - ・セルまたはセル範囲を移動：選択範囲の外枠をポイントし，ポインタが（移動ポインタ）に変わったら，セルまたはセル範囲を別の場所までドラッグ
  - ・セルまたはセル範囲をコピー：［Ctrl］キーを押しながら，選択範囲の外枠をポイントし，ポインタが（コピーポインタ）に変わったら，セルまたはセル範囲を別の場所までドラッグ

選択範囲を別のワークシートやブックに移動またはコピーするには，別のワークシート・タブをクリックするか，別のブックに切り替えて貼り付け領域の左上隅のセルを選択します。

ショートカット・キーは，［Ctrl］＋［X］で切り取り，［Ctrl］＋［C］でコピー，［Ctrl］＋［V］で貼り付け，の操作ができます。

3-5-3　セルの値，セルの書式，または数式だけをコピーする

コピーされたデータを貼り付ける際，次のいずれかの操作を行うことができます。
- 既存の書式設定を上書きせずにセル内の数式を計算結果の値に変換
- フォントの色や塗りつぶしの色などの書式だけをコピー（セルの内容はコピーしない）
- 数式だけを貼り付け（計算結果の値は貼り付けない）

メモ

Excel2007の操作

- コピーする値，セルの書式，または数式が含まれているセルまたはセル範囲を選択
- ［ホーム］タブの［クリップボード］で，（コピー）をクリック
- 値，セルの書式，数式を貼り付ける貼り付け領域の左上隅のセル，または単独セルを選択
- ［ホーム］タブの［クリップボード］で，（貼り付け）をクリックして，次のいずれかの操作を行います。
  - ・値だけを貼り付ける：［値の貼り付け］をクリック
  - ・セルの書式だけを貼り付ける：［形式を選択して貼り付け］をクリックし，［貼り付け］の［書式］をクリック
  - ・数式だけを貼り付ける：［数式］をクリック

Excel2003の操作

- コピーする値，セルの書式，または数式が含まれているセルまたはセル範囲を選択
- メニューの［編集］をクリック
- ［形式を選択して貼り付け］をクリック
- ［形式を選択して貼り付け］ダイアログボックスで以下の操作をします
  - ・値だけを貼り付ける：（値）のチェックをオン
  - ・セルの書式だけを貼り付ける：（書式）のチェックをオン
  - ・数式だけを貼り付ける：（数式）のチェックをオン

3-5-4　行と列を移動またはコピーする

Excel2007の操作

- 移動またはコピーする行または列を選択
- 次のいずれかの操作を行います。
  - ・行または列を移動
    ［ホーム］タブの［クリップボード］で（切り取り）をクリック
  - ・行または列をコピー

――――――――――――――――――――――――――――――メモ―

　　　　［ホーム］タブの［クリップボード］で（コピー）をクリック
　●選択した行の移動先またはコピー先の1つ下の行，または1つ右の列をマウスの右ボタンでクリックし，次のいずれかの操作を行います。
　　・行または列を移動
　　　ショートカットメニューの［切り取ったセルを挿入］をクリック
　　・行または列をコピー
　　　ショートカットメニューの［コピーしたセルを挿入］をクリック

Excel2003の操作
　●移動またはコピーする行または列を選択
　●次のいずれかの操作を行います。
　　・行または列を移動
　　　メニューの［編集］の［切り取り］をクリック
　　・行または列をコピー
　　　メニューの［編集］の［コピー］をクリック
　●選択した行の移動先またはコピー先の1つ下の行，または1つ右の列をマウスの右ボタンでクリックし，次のいずれかの操作を行います。
　　・行または列を移動
　　　ショートカットメニューの［切り取ったセルを挿入］をクリック
　　・行または列をコピー
　　　ショートカットメニューの［コピーしたセルを挿入］をクリック

　また，マウスにより移動またはコピーする行または列を選択し，選択した行または列の外枠をポイントします。ポインタが　（移動ポインタ）に変わったら，行または列を別の場所までドラッグすることにより移動できます（Excel2007，Excel2003共通）。
　また，［Ctrl］キーを押しながら，選択した行または列の外枠をポイントすると，コピーができます（Excel2007，Excel2003共通）。

メモ

3-6　セルの入力の基本操作

3-6-1　セルへのデータの入力

セルへデータの入力の基本操作は以下です。

Excel2007とExcel2003共通
- ワークシートでセルを指定
- 目的の数値または文字列を入力
- ［Enter］キーまたは［Tab］キーを押す

　デフォルトの設定では，［Enter］キーを押すとセルの選択が1つ下のセルに移動し，［Tab］キーを押すと1つ右のセルに移動します。［Tab］キーで移動する方向は変更できませんが，［Enter］キーで移動する方向は変更できます。

　列より幅が広い表示形式のデータが含まれているセルに，####と表示される場合があります。文字列をすべて表示するには列の幅を広げる必要があります。
　セルの数値の表示形式は，セルに格納されている数値そのものとは別に設定されます。入力した数値が丸められたときには，表示上の値が丸められただけの場合がほとんどです。計算には，表示される数値ではなく，セルに格納されている数値が使用されます。
　表示形式を設定したセルに目的の数値を入力します。

3-6-2　セルのデータの編集

Excel2007とExcel2003共通
- 編集するデータが入力されているセルをダブルクリック
- セルのデータを編集
- 変更を確定するには［Enter］キー，変更をキャンセルするには［Esc］キーを押す

　キーボード・ショートカット［F2］キーにより編集することができます。

メモ

3-6-3 日付と時刻の入力
Excel2007 と Excel2003 共通
- ワークシートでセルを指定
- 日付または時刻を次のように入力
  - ・日付の入力：スラッシュ（/）やハイフン（-）を使って日付の各部分を区切る。例「2009/5/5」または「5-May-2009」
  - ・時刻の入力：12時間表示で入力するには，時刻に続けて「a」または「p」を入力する。時刻とこれらの文字はスペースで区切る必要がある。文字を指定していない場合は，時刻は AM として認識される。例「10：00 p」

　セルに日付または時刻を入力すると，標準の日付または時刻の表示形式か，あるいは日付または時刻が入力される前にそのセルに適用されていた表示形式で表示されます。

　ショートカット・キーで既定の日付または時刻の表示形式を使用するには，日付または時刻が入力されたセルをクリックし，[Ctrl]+[Shift]+[#]，[Ctrl]+[Shift]+[@]，と操作します。

3-6-4 関数の入力
　関数を含む数式を作成するときは，キー操作により直接関数を入力する方法もありますが，[関数の挿入]ダイアログボックスを使って関数を入力することもできます。数式に関数を入力すると，関数の名前，各引数，関数と引数の説明，その時点での関数の計算結果，およびその時点での数式全体の計算結果が[関数の挿入]ダイアログボックスに表示されます。

　また，関数を他の関数の引数として使用することもできます。これを，関数をネストすると言います。

　関数については，4-2-5 関数の基本も参照してください。

3-7　書式設定

3-7-1　列幅を指定する

Excel2007の操作
- 変更する列（1つまたは複数）を選択
- ［ホーム］タブの［セル］で［表示形式］をクリック
- ［セルのサイズ］の［列の幅］をクリック
- ［列幅］ボックスに，指定する値を入力

Excel2003の操作
- 変更する列（1つまたは複数）を選択
- メニュー［書式］をクリック
- ［列］の［列幅］をクリック
- ［列幅］ボックスに，指定する値を入力

また，列幅をデータに合わせて変更するには以下の操作を行います。

Excel2007の操作
- 変更する列（1つまたは複数）を選択
- ［ホーム］タブの［セル］で［表示形式］をクリック
- ［セルのサイズ］の［列の幅の自動調整］をクリック

Excel2003の操作
- 変更する列（1つまたは複数）を選択
- メニュー［書式］をクリック
- ［列］の［選択範囲に合わせる］をクリック

ワークシートのすべての列で列幅をデータに合わせてすばやく調整するには，全セル選択ボタンをクリックし，任意の列と列の境界をダブルクリックします。

また，マウスを使用して列幅を変更するためには，次のいずれかの操作を行います。

Excel2007 と Excel2003 共通
- 1つの列の列幅を変更：その列の列番号の右の境界を目的の幅になるまでドラッグ
- 複数の列の列幅を変更：変更する列すべてを選択し，そのうちの1つの列の列番号の右の境界をドラッグ
- データに合わせて列幅を変更：変更する列（1つまたは複数）を選択し，選択した列の列番号の右の境界をダブルクリック
- ワークシートのすべての列の幅を変更：全セル選択ボタンをクリックし，任意の列番号の境界をドラッグ

3-7-2　行の高さを指定する

Excel2007の操作
- 変更する行（1つまたは複数）を選択
- ［ホーム］タブの［セル］で［表示形式］をクリック
- ［セルのサイズ］の［行の高さ］をクリック
- ［行の高さ］ボックスに，指定する値を入力

Excel2003の操作
- 変更する行（1つまたは複数）を選択
- メニュー［書式］をクリック
- ［行］の［高さ］をクリック
- ［行の高さ］ボックスに，指定する値を入力

また，行の高さをデータに合わせて変更するには以下の操作を行います。

Excel2007の操作
- 変更する行（1つまたは複数）を選択
- ［ホーム］タブの［セル］で［表示形式］をクリック
- ［セルのサイズ］の［行の高さの自動調整］をクリック

メモ

Excel2003の操作
- 変更する列（1つまたは複数）を選択
- メニュー［書式］をクリック
- ［行］の［自動調節］をクリック

また，マウスを使用して行の高さを変更するためには，次のいずれかの操作を行います。

Excel2007とExcel2003共通
- 1つの行の高さを変更：その行の行番号の下の境界を目的の高さになるまでドラッグ
- 複数の行の高さを変更：変更する行すべてを選択し，そのうちの1つの行の行番号の下の境界をドラッグ
- ワークシートのすべての行を同じ高さに変更：全セル選択ボタンをクリックし，任意の行番号の下の境界をドラッグ

行の高さをデータに合わせてすばやく変更するには，行見出しの下にある境界をダブルクリックします。

3-7-3　セル書式の設定

数値に対してさまざまな表示形式を適用すると，数値自体を変更することなく表示状態のみを変更できます。表示形式を設定しても計算の実行時に使用される実際のセルの値には影響しません。実際の値は，数式バー（数式バー：Excelウィンドウの上方に表示されるバー。セルやグラフに値や数式を入力したり，入力した値や数式を編集するときに使用します。数式バーには，アクティブセルに入力されている定数値や数式が表示されます）に表示されます。

・標準
　数値を入力したときに適用される既定の表示形式で，通常，表示形式が［標準］に設定された数値は入力したとおりに表示される
・数値
　数値の一般的な表示に使用する表示形式で，小数点以下の桁数，桁区切り記号の

使用の有無，および負の数値の表示方法が指定可能
・通貨
既定の通貨記号付きで数値が表示され，小数点以下の桁数，桁区切り記号の使用の有無，および負の数値の表示方法が指定可能
・会計
通貨と同様金銭を表す一般的な値で使用する表示形式で，列内の通貨記号と小数点位置を揃える
・日付
日時のシリアル値が，指定した種類と場所に応じた日付の値として表示される
・時刻
日時のシリアル値が，指定した種類と場所に応じた時刻の値として表示される
・パーセンテージ
セルの値を100倍した結果がパーセント記号（％）付きで表示され，小数点以下の桁数を指定できる
・分数
指定した分数の種類に従って，数値が分数として表示される
・指数
数値が指数表記で表示され，数値の一部が"E＋n"に置き換えられる
・文字列
セルの内容が文字列として処理され，数値を入力した場合でも入力した内容がそのまま表示される
・その他
郵便番号，電話番号，管理番号など特殊な形式で数値を表示する
・ユーザー定義
既存の表示形式コードをコピーして修正を加え，表示形式を作成することができる

メモ

第4章

Excelの活用法

- ■ 4-1 操作技法
- ■ 4-2 数式の作成
- ■ 4-3 関数の活用法
- ■ 4-4 フラグ
- ■ 4-5 機能活用

4-1 操作技法

4-1-1 キーボード操作の重要性

　作成スピードの向上のためにはキーボード操作を活用することが必要となります。

　キーボード操作は慣れればマウスの操作よりも数倍速くなります。また，スピードの割りに「疲れにくい」とも言われています。マウス操作よりもセルの指定など操作ミスが少なく，繰り返しの操作にも適しています。また，キーボード操作は，経験を積めば積むほど鍛えれば鍛えるほど速くなる伸びしろのある技法でもあります。

　第3章 Excelの基本知識でも少し触れましたが，Excelにはキーボード操作をすばやく行うためのキーボード・ショートカットが多く設定されています。その中で財務モデリングに必要と思われるものを選択して活用していきましょう。

　ただし，何が何でもキーボードでというのはよくありません。マウスの操作の方が便利な場合もあります。

　以降，財務モデリングに活用できるショートカットについて説明していきます。

> 注）以降のキーボード・ショートカットの表記の方法
> ・キーは日本語標準109キーボードを想定しています
> ・OSはWindowsを想定しています
> ・キーの表示方法はExcelのヘルプに準じています
> ・＋はキーを同時に押すということを意味しています

4-1-2 特殊キー関連のキーボード・ショートカット

　キーボード操作について述べる前に，キーボードのキーについて整理しておきましょう。特に，一般に特殊キーと言われているキーについて触れておきます。特殊キーは特殊な役割を持ったキーですが，ほとんどのキーボードに標準装備されています。

― メモ ―

> ・[Windows] キー
>   キーボードについているWindowsの旗のマークが書かれたキー
> ・[Alt] キー
>   メニューバーや特殊コマンドを指定するもの
> ・[アプリケーション] キー
>   その時アクティブになっている対象のショートカットメニューを表示するもので，マウスの右クリックメニューと同じ働きをする

特に，[Alt] キーはメニューバーを選択することができ応用範囲の広いキーです。特殊キー関連の主なキーボード・ショートカットは以下です。

（a）[Windows] キー
　　　［スタート］メニューの表示
（b）[Windows] キー＋[D]
　　　デスクトップを表示
（c）[Windows] キー＋[E]
　　　マイコンピュータを開く
（d）[Windows] キー＋[M]
　　　すべてのウィンドウの最小化
（e）[Windows] キー＋[Shift]＋[M]
　　　最小化したウィンドウの復元
（f）[Windows] キー＋[F]
　　　ファイルまたはフォルダの検索
（g）[Windows] キー＋[F1]
　　　Windowsヘルプの表示
（h）[Windows] キー＋[R]
　　　［ファイル名を指定して実行］ダイアログボックスを開く
（i）[Windows] キー＋[U]
　　　ユーティリティマネージャを開く
（j）[Alt]＋[F4]
　　　アクティブな項目を閉じる，または，アクティブなプログラムを終了

（k）[Alt]＋[TAB]
アプリケーションの切り替え
（l）[Alt]＋[Esc]
開いた順番に項目を循環
（m）[Alt]＋[Enter]
選択した項目のプロパティの表示

また，ダイアログボックスでの主な操作は以下となります。
（a）[Tab]
次のオプションまたはオプショングループに移動
（b）[Shift]＋[Tab]
前のオプションまたはオプショングループに移動
（c）[Ctrl]＋[Tab] または [Ctrl]＋[PageDown]
ダイアログボックスで，次のタブに切り替え
（d）[Ctrl]＋[Shift]＋[Tab] または [Ctrl]＋[PageUp]
ダイアログボックスで，前のタブに切り替え
（e）[方向] キー
アクティブなドロップダウン・リスト・ボックス内，またはオプショングループ内で移動
（f）[Space]
選択したボタンの動作を実行するか，またはアクティブなチェックボックスのオンとオフを切り替え
（g）目的の項目名の先頭の文字の文字キー（ドロップダウン・リスト・ボックスが選択されている場合）
リストが閉じられている場合は開き，そのリストのオプションに移動
（h）[Alt]＋オプション名の右に表示される下線の付いた文字のキー
項目の選択。チェックボックスのオンとオフを切り替え。
（i）[Alt]＋[↓]
選択したドロップダウン・リストを開く

メモ

（ j ）[Enter]
ダイアログボックスの太線で囲まれた既定のコマンドボタン（通常は［OK］ボタン）に割り当てられている動作を実行
（ k ）[Esc]
コマンドを実行しないでダイアログボックスを閉じる

これらは，ExcelというよりもWindowsというOSのキーボード・ショートカットです。ただし，活用機会も大きいでしょうから，覚えておきましょう。

4-1-3　移動関連のキーボード・ショートカット

キーボードによるカーソルの移動は方向キーによって行うのが基本です。しかし，入力データの都合でワークシートを大きく使うようなケースでは，単に［方向］キーを押しているだけではスピードが遅くて実践的ではありません。

移動関連の主なキーボード・ショートカットは以下です。ブック　→　ワークシート　→　セルという階層毎の移動方法です。

（ a ）[Ctrl]＋[TAB]
アクティブなブックの切り替え
（ b ）[Ctrl]＋[PageDown（PageUp）]
ブック内の次の（前の）ワークシートをアクティブにする
（ c ）[Ctrl]＋[方向] キー
データ範囲の先頭行，末尾行，左端列，または右端列に移動
（ d ）[Ctrl]＋[G]
ジャンプ・ダイアログボックスの表示

（a）[Ctrl]＋[TAB]は［Alt]＋[TAB]でも代用できます。が，［Alt]＋[TAB]は他のアプリケーションも切り替え選択肢として表示しますので，同時に多くのアプリケーションを開いている時には選択の効率が悪くなります。ですから，Excel内の切り替えは［Ctrl]＋[TAB]を使うことをお勧めします。

また，シート内での移動は

> ・[Home] キー
> ・[END] キー
> ・[PageDown]/[PageUp]

を活用することも重要です。

しかし，そのほとんどが [Ctrl]+[方向] キーでカバーできるので，[Ctrl]+[方向] キーが最も重要です。

4-1-4 入力関連のキーボード・ショートカット

入力関連の主なキーボード・ショートカットは以下です。これらは数式やコマンドを入力する際の範囲指定や簡単な入力作業を行うものです。

（a）[Shift]+[方向] キー
　　　選択範囲を上，下，左，または右に拡張
（b）[Ctrl]+[Shift]+[方向] キー
　　　データ範囲の端まで選択範囲を拡張
（c）[Ctrl]+[Shift]+[*]
　　　アクティブセル領域の選択
（d）[Ctrl]+[Enter]
　　　選択したセル範囲に，アクティブセルと同じ値を入力
（e）[Ctrl]+[Shift]+[+]（プラス）
　　　セルや行列の挿入
（f）[Ctrl]+[−]
　　　セルや行列の削除
（g）[Alt]+[Shift]+[=]
　　　SUM関数を使ってオートSUM数式を挿入

数式を入力することが操作の9割方を占めるでしょうから，入力関連のキーボード・ショートカットは非常に重要です。

その他の入力関連のキーボード・ショートカットとしては，

メモ

....
....
....
....
....

> ・[Shift]＋[スペース]：行全体を指定
> ・[Ctrl]＋[スペース]：列全体を指定

があります。

また，基本的なキー操作としては

> ・[F2]：数式の編集
> ・[F4]：相対／絶対参照の切替

がありますが，これはほとんどの人が知っている操作でしょう。

4-1-5　コマンド関連のキーボード・ショートカット

コマンド関連の主なキーボード・ショートカットは以下です。Excelの各種機能を実行するためのコマンドになります。

(a) [Ctrl]＋[C]
選択されたセルのコピー
(b) [Ctrl]＋[V]
セルの貼り付け
(c) [Ctrl]＋[X]
選択されたセルの切り取り
(d) [Ctrl]＋[Z]
元に戻す
(e) [Ctrl]＋[S]
ファイルの上書き保存
(f) [Ctrl]＋[P]
［印刷］ダイアログボックスを表示
(g) [Ctrl]＋[R]
選択範囲内で右方向のセルにコピー
(h) [Ctrl]＋[D]
選択範囲内で下方向のセルにコピー

（i）[Ctrl]＋[F]
　　［検索と置換］ダイアログボックスの［検索］タブを表示
（j）[Ctrl]＋[H]
　　［検索と置換］ダイアログボックスの［置換］タブを表示

（g）と（h）には，それぞれ以下のようなキーボード・ショートカットが設定されています。こちらも重要となりますので，覚えておいてください。

> ・[Ctrl]＋[Shift]＋[.]（ピリオド）：選択範囲内で右方向のセルにコピー
> ・[Ctrl]＋[Shift]＋[,]（カンマ）：選択範囲内で下方向のセルにコピー

コマンド関連のキーボード・ショートカットは他にも多く設定されていますが，使用頻度の少ないものも多いので，上を習得すれば十分でしょう。

4-1-6　書式関連のキーボード・ショートカット

書式関連のキーボード・ショートカットは以下です。

（a）[Ctrl]＋[1]
　　［書式設定］ダイアログボックスを表示
（b）[Ctrl]＋[B]
　　フォント太字
（c）[Ctrl]＋[I]
　　フォント斜体
（d）[Ctrl]＋[U]
　　フォント下線
（e）[Ctrl]＋[Shift]＋[％]
　　％表示の書式設定
（f）[Ctrl]＋[Shift]＋[！]
　　桁区切りの書式設定
（g）[Ctrl]＋[Shift]＋[#]
　　日付表示（yyyy/m/d）の書式設定
（h）[Ctrl]＋[Shift]＋[']
　　数式モードの切り替え

- メモ -

（ i ） [Ctrl]＋[5]
　　　取り消し線の設定と解除を切り替える
（ j ） [Ctrl]＋[6]
　　　オブジェクトの表示，非表示，および位置のみの表示を切り替える
（ k ） [Ctrl]＋[8]
　　　アウトライン記号の表示と非表示を切り替える
（ l ） [Ctrl]＋[9]
　　　選択した行を非表示にする
（ m ） [Ctrl]＋[0]
　　　選択した列を非表示にする

　書式の設定はマウス操作により行った方が良い場合もあります。
　特に，ワークシートの広いエリアに書式を設定する場合はマウス操作の方が効率的なことが多いようです。

4-1-7　操作のコンビネーション

　以上多くののキーボード・ショートカットを説明してきました。これらの個々の操作を習得することは重要です。しかし，その組み合わせの最適化まで考えると操作は更にスピードアップできます。
　一例を上げておきましょう。
　複数セルを範囲指定する場合は，

> ・[Shift]＋[方向] キー：選択範囲を上，下，左，または右に拡張
> ・[Ctrl]＋[Shift]＋[方向] キー：データ範囲の端まで選択範囲を拡張

の2つの方法があります。基本的にはどちらを使ってもいいのですが，データが連続していれば，[Ctrl]＋[Shift]＋[方向] キーの方が圧倒的に速く範囲指定できます。
　図 作成効率2の例を再掲します。ここでコピーするためにC2からG2まで範囲を指定したい。この場合，[Shift]＋[方向] キーの操作ですと，[Shift]を押しながら[右方向] キーを4回押さないといけません。

図 作成効率2（再掲）

	A	B	C	D	E	F	G	H	I
1		実績	1年目	2年目	3年目	4年目	5年目		C列の数式
2	収入	100	105	→	→	→	→		=B2*(1+$C$6)
3	支出	−80							
4	利益	20							
5									
6	収入伸率		5%						
7	支出/収入%		80%						

しかし，D2からG2まであらかじめデータ（例えば，0）が入力されていると，[Ctrl]＋[Shift]＋[右方向]キーで一気に選択できます。4倍速いわけです。速いとわかっているので，あらかじめデータを入力しておくのです。

また，[Ctrl]＋[Shift]＋[右方向]キーの後連続して[Ctrl]＋[Shift]＋[.]（ピリオド）と入力するとコピーもできます。[Ctrl]＋[Shift]の操作が共通しているのでコンビネーションの妙が出てきます。実際に操作して確認してください。

今はヨコ方向への範囲指定でしたが，同じことはタテ方向にも適用できます。

4-2　数式の作成

4-2-1　数式の要素

数式は4つの要素で構成されます。どんなに複雑な数式も，これらの4つの要素のどれかの組み合わせです。

（a）定数
　　数値，文字列等直接入力されるデータ
（b）セル参照
　　セルまたはセル範囲を識別し数式で使う値やデータの位置を指定するもの
（c）計算演算子
　　数式の演算を行うもの　（＋，×，＾，等）
（d）関数
　　単なる掛け算や足し算だけはない複雑な演算を行うもの

どんなに大きくどんなに複雑なExcelシートも，元をただせば1つ1つの数式から構成されています。ですから，効果的な数式を作成できれば良いモデルが作成でき，結果として良い財務モデリングを行うことができます。

第2章 財務モデリングの基本指針を数式作成に適応すると以下になります。
- 変数に対応させる　　　　→操作性
- 簡単な技法を使う　　　　→再現性
- わかりやすくまとめる　　→読解性
- キーボード操作を活用する→作成スピード
- 入力レバレッジを高める　→作成効率

数式を作成する際の指針としましょう。

次ページ以降，数式の要素を概観した後，数式作成基本技法について学習します。

4-2-2　定数の基本

数式の要素のひとつ，定数について説明します。定数はセルに直接入力するデータのことです。定数の値は計算されません。日付を表す「2009/3/31」，数値を表す「100」，文字列を表す「売上高」はすべて定数です。

メモ

一般に変数は定数の反対語です。しかし，財務モデリングではセルに入力されるものはすべて変数と考えられます。定数もモデル上の変数となるからです。定数は「入力方法」としての分類と考えればよいでしょう。定数は「セル参照ではない変数」という定義の方がよいかもしれません。

　定数は主に以下の4つです。

（a）数値

　　数値データ

（b）文字列

　　売上高，東京都など文字を入力したもの

（c）論理値

　　TRUE，FALSEの論理式によってリターンされるもの

（d）シリアル値

　　日付と時刻を表す値

　（a）の数値は定数としての数値情報です。財務モデリングでほとんどが以下のうちどれかになります。

- 過去の実績データ
- 将来の予測用変数
- 手動フラグ（4-4 フラグ参照）

　これらは数式の一部として入力しないようにし，1つのセルに独立して直接入力します。特に，将来の予測用変数は更新頻度が高いので数式の一部として入力してしまうと操作性が著しく低下します。

　（b）の文字列は説明の必要はないでしょう。ただ，文字列も文字列演算子を使って変数とすることもあるので留意してください。

　（c）の論理値については4-2-4 計算演算子の基本を参照してください。

　（d）のシリアル値について説明します。

　シリアル値とは1900年1月1日午前0時を1とし，その日からの通算日数と時刻を表す値のことです。時刻は小数点以下で表示されます。

　シリアル値を使って日付・時刻を表現する理由は，日付の演算を簡単にするためです。例えば，シリアル値を使って日付を表現していれば，2005/5/10と2006/6/30はそれぞれ38,898と38,482と表されます。2つの日付間の日数が何日かを求めたい時に

は，その2つのシリアル値を単純に引き算することにより算定できます。この場合，経過日数＝38,898－38,482＝416日と簡単に計算できます。

日付の書式設定は西暦・和暦など様々なものが用意されています。日付の書式表示の例は下図になります。

図　日付の表示形式例

	A	B
1	シリアル値	39,903
2		
3		2009/3/31
4		2009年3月31日
5		H21.3.31
6		平成21年3月31日
7		2009年3月
8		31－Mar－09

様々な日付の表示がありますが（これ以外にもあります），定数としてはB3からB8まですべてシリアル値の39903が入力されています。

4-2-3　セル参照の基本

直接入力された定数を変数として数式に取り込むためにセル参照を使います。セル参照を活用することはモデルの操作性を維持するために必須です。通常，セル参照は列にアルファベット，行に数字を使ってセルを参照するA1参照形式を用います。例えば，「B2」のように表します。B2は列Bと行2が交わる位置にあるセルの参照を意味しています。

セル参照を使うと，
- 1つのセルの値を複数の数式で使用する
- 他のシートのセルの値を数式で使用する

ことができるようになります。

セル参照の指定の操作方法は以下の3つです。
- マウス

- ●直接入力
- ●カーソル

　カーソルによる入力が最も速いので，財務モデリングではこれを基本とします。キーボードの［方向］キーを使って指定する方法です。［＝］キーもしくは［＋］キー（マイナスは［－］キー）を押した後［方向］キーを押すとカーソルが出てきます。4-1操作技法で見たようにキーボード・ショートカットも活用できます。

　セル参照は，単一のセルの参照だけでなく複数のセルを参照対象とすることができます。複数のセル参照をセル範囲と言います。

　セル参照とセル範囲には下表のように様々な組み合わせがあります。

参照セル（セル範囲）	入力する文字列
列A, 行1のセル	A1
列A, 行1～行10のセル範囲	A1：A10
行10, 列B～列Eのセル範囲	B10：E10
列A～E, 行1～10のセル範囲	A1：E10
行3のすべてのセル	3：3
行3～10のすべてのセル	3：10
列Fのすべてのセル	F：F
列F～Jのすべてのセル	F：J
シート名「売上」の列のA, 行1のセル	売上!A1：A10

　また，セル参照は，相対参照，絶対参照，複合参照（行絶対），複合参照（列絶対）[8]の4つの形式があります。それぞれの形式は，列番号，行番号の前に$を付け加えることで表現します。それぞれの形式を説明します。

（a）相対参照

　　A1など相対参照は数式が入力されているセル位置を基点にして参照するセルが決まります。数式を他の行や列にコピーした場合，参照も自動的に調整されます。新しく作成した数式には相対参照が使用されます。

（b）絶対参照

　　$A$1などの絶対参照はあるセルが必ず参照されます。数式を含むセルの位置を変更しても，絶対参照で参照するセルは変更されません。数式を他の行や列

にコピーしても絶対参照は変わりません。
（c）複合参照（行絶対）
　　A$1などの相対参照と絶対参照を共に使用した参照。数式を含むセルの位置を変更しても絶対参照で参照する行は変更されません。
（d）複合参照（列絶対）
　　$A1などの相対参照と絶対参照を共に使用した参照。数式を含むセルの位置を変更しても絶対参照で参照する列は変更されません。

　また，参照の4つの形式はセル範囲にも適用できます。＝$A$1：$C$5，＝$A$1：C5，＝A1：$C$5，＝A$1：$C5など，様々な組み合わせが考えられます。
　相対参照と絶対参照を適切に使い分けると入力レバレッジの高い数式を作成することができます。
　操作は［F4］キー使用します。セル参照をアクティブにした後［F4］キーを1回押すたびに，絶対参照→複合参照（行絶対）→複合参照（列絶対）→相対参照→絶対参照→複合参照（行絶対）…，と循環して切り替ります。
　また，セル参照には名前をつけることができます。

4-2-4　計算演算子の基本

　計算演算子は，数式の要素に対して実行する計算の種類を指定するものです。
　計算演算子には下のように4つの分類で全16種類が用意されています。
- 算術演算子　　：「＋」「－」「＊」「／」「％」「＾」
- 参照演算子　　：「：」「，」「　」（スペース）
- 比較演算子　　：「＝」「＞」「＜」「＞＝」「＜＝」「＜＞」
- 文字列演算子：「＆」

　順に説明しましょう。
　算術演算子は，加減乗除算，べき算などの基本数値計算を実行する演算子です。
（a）「＋」（プラス）　　　：足し算　　＝（3＋1）
（b）「－」（マイナス）　　：引き算　　＝（3－1）　負の数（－1）
（c）「＊」（アスタリスク）：掛け算　　＝（3＊3）
（d）「／」（スラッシュ）　：割り算　　＝（3/3）
（e）「％」（パーセント）　：パーセント＝（20％）

（f）「＾」（キャレット）　：べき算　　＝（3＾2）

　参照演算子は，計算するセル範囲を結合する演算子です。

（a）「：」（コロン）　　：セル範囲の参照演算子
　　　指定した2つのセル参照と，その間に含まれるすべてのセルによって構成される1つの参照を作成する　（B5：B15）

（b）「，」（カンマ）　　：複数選択の参照演算子
　　　複数の参照を1つの参照に結合する　＝SUM（B5,B7,D5：D15）

（c）「　」（スペース）　：共通部分を示す参照演算子
　　　2つの参照に共通するセル参照を作成する＝SUM（B7：D7　C6：C8）

　比較演算子は，2つの値を比較しTRUEまたはFALSEの論理値を返す演算子です。

（a）「＝」（等号）　　　　：左辺と右辺が等しい＝（A1＝B1）
（b）「＞」（〜より大きい）：左辺が右辺よりも大きい＝（A1＞B1）
（c）「＜」（〜より小さい）：左辺が右辺よりも小さい＝（A1＜B1）
（d）「＞＝」（〜以上）　　：左辺が右辺以上である＝（A1＞＝B1）
（e）「＜＝」（〜以下）　　：左辺が右辺以下である＝（A1＜＝B1）
（f）「＜＞」（不等号）　　：左辺と右辺が等しくない＝（A1＜＞B1）

　文字列演算子は，「＆」（アンパサンド）です。文字列演算子は，文字列を組み合わせて1つの文字列に結合する演算子です。変数を文字列に取り込む際に使う財務モデリングでは重要な技法です。直接文字列を引数とする場合は，ダブルクォーテーション（"）を用います。

　ほとんどの数式はセル参照と演算子で作成できます。なぜなら，財務モデリングが複雑化しても，基本的演算をしているだけの数式が大部分を占めるからです。ですから，計算演算子の理解は非常に重要です。

　数式に関数を使用する場合は，操作性・読解性・作成スピード・作成効率が向上するか否か十分に吟味しましょう。例えば，100個のセルを合計する場合に「＋」で記述すると大変です。SUM関数を使えば読解性も作成スピードも向上します。重要なのは一度吟味するという姿勢です。

　また，1つの数式で複数の演算子を使用する場合，次の表に示した順序で計算が実行されます。数式に同順位の演算子が含まれる場合（例えば，乗算演算子と除算演算子が含まれる場合），左から右の順に計算が実行されます。

メモ

- 参照演算子：「：」「，」「 」（スペース）
- 負の値：「−」
- パーセンテージ：「％」
- べき算：「^」
- 乗算または除算：「＊」または「／」
- 加算または減算：「＋」または「−」
- 文字列結合：「＆」
- 比較演算子：「＝」「＜」「＞」「＞＝」「＜＝」「＜＞」

　ただし，上記の計算順序を把握することは簡単ではないでしょうし，把握していたとしても使用する際に勘違いして計算ミスするようなことは絶対に避けなければなりません。例えば，＝5＋2＊3　という単純なものならばよいのですが，＝−2^2はどうでしょう　＝−2^−1＊2はどうでしょう。少し迷います。[9]

　ですから，計算順序を明確にし自分でコントロールするため，また読解性を高めるためにも，数式の要素をかっこで囲みます。−2の2乗を計算したい場合は，＝−2^2とするのではなく，かっこをつけることによって計算結果が変わらないとしても＝(−2)^2とした方がよいでしょう。

4-2-5　関数の基本

　関数とは，あらかじめ定義された数式のことです。引数（ひきすう，と読みます）と呼ばれる特定の値を使い，特定の構文によって指定します。関数を使用すると，単純な計算だけでなく複雑な計算も行うことができます。

　関数の構文について説明します。

（a）構文
　　関数の構文は等号（＝）で始まり，その後に関数名，左かっこ，引数，右かっこを記述します。引数は「，」（カンマ）で区切ります。

（b）関数名
　　利用できる関数のリストを表示するには，［Shift］＋［F3］キーというキーボード操作です。

（c）引数
　　引数として指定できるのは，数値，文字列，論理値，配列，エラー値，または

メモ

セル参照です。引数には，有効な値を指定する必要があります。他に，定数，数式，または他の関数も引数として指定できます。

財務モデリングでは基本関数5と応用関数5の合計10の関数に絞って学習します。少ない関数でなるべく多くのケースで適応できるようにし，再現性を高めたいからです。もちろん，数式作成に際しては，セル参照と演算子，必要であれば基本関数，さらに必要であれば応用関数，という優先順位で吟味していきます。

応用関数の中には多少難しい関数もあります。が，操作性・読解性を向上させるために欠かせないものを採用しています。

財務モデリングを学習するということを関数を学習することと勘違いしている人が多いと思います。関数を学習することは単なる1要素でしかありません。むしろ数少ない関数を使って工夫をすることの方が財務モデリングの上達の近道です。また，数式の組み立てを関数に依存しないで行った方が頭の整理になることがあります。ですから，財務モデリングでは10の関数だけで，できるところまでやります。コールオプションのプライシングといった特殊なモデルを作らない限り，つまり通常の財務モデリングではほぼ100％やりきることができます。

メモ

....
....
....
....
....

図　関数10

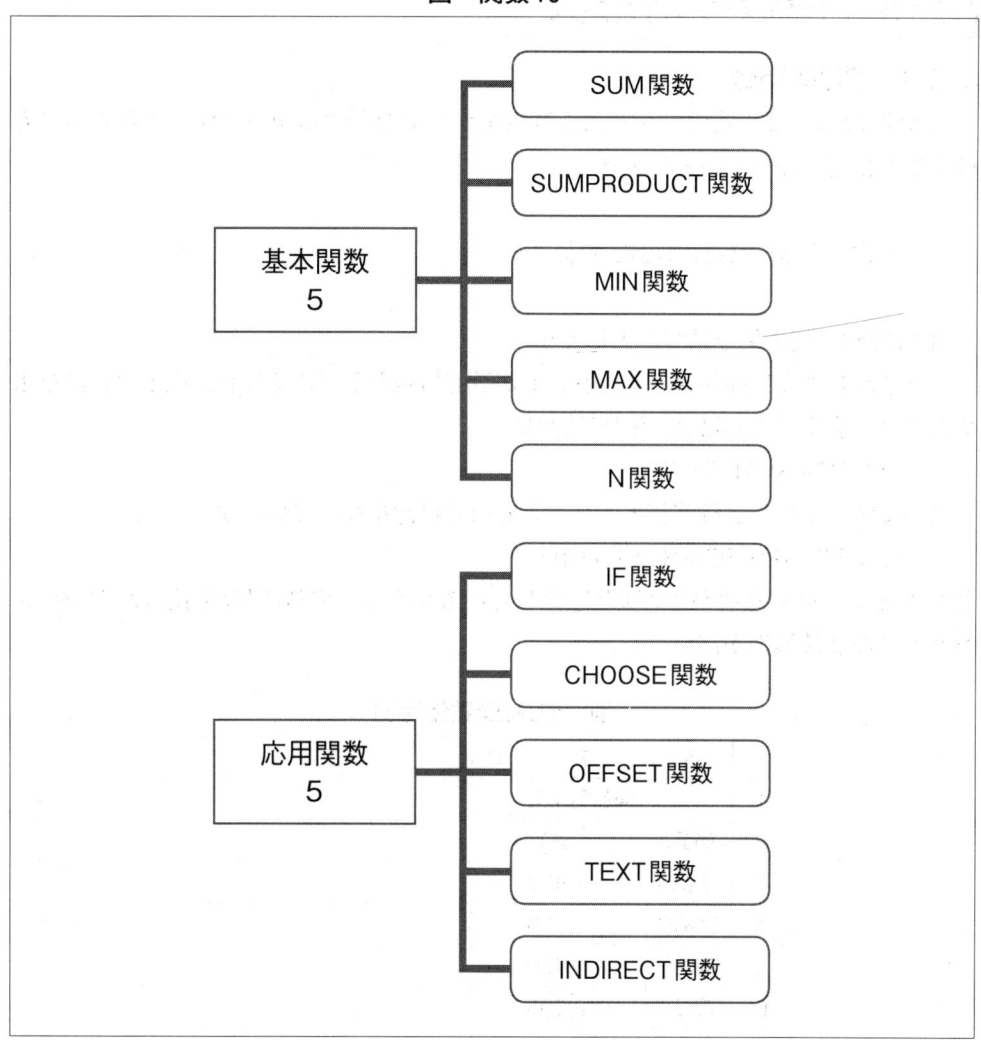

- 基本関数 5
  - SUM関数
  - SUMPRODUCT関数
  - MIN関数
  - MAX関数
  - N関数
- 応用関数 5
  - IF関数
  - CHOOSE関数
  - OFFSET関数
  - TEXT関数
  - INDIRECT関数

4-3 関数の活用法

4-3-1 SUM関数

SUM関数は，セル範囲に含まれる数値をすべて合計する関数です。関数の中でも最も使用頻度の高いものでしょう。

　　　書式：SUM(数値1, 数値2, 数値3…)

SUM関数の使用例を見てみましょう。

いま下図のように商品A〜Eの各売上が数値情報としてある場合，売上の合計を求めたいとします。この場合，SUM関数は

　　　セルB7＝SUM(B2：B6)

と使います。また，計算演算子の「＋」も同じ機能を持っています。

　　　セルB7＝B2＋B3＋B4＋B5＋B6

とできます。セル参照が3つ以上連続している場合は，SUM関数を使った方がコンパクトになり読解性が高いでしょう。

図　SUM関数使用例

	A	B	C	D
1		商品別売上		
2	商品A	200		
3	商品B	1,400		
4	商品C	1,200		
5	商品D	400		
6	商品E	2,000		
7	合計	5,200		＝SUM(B2：B6)
8				＝B2＋B3＋B4＋B5＋B6

また，関連してオートSUM機能というものがあります。オートSUM機能は，自動的にSUM関数を入力する機能で，同時に合計したいセル範囲をエクセルが自動的に判断するものです。大変よく使う機能ですからキーボード・ショートカットで対応

メモ

できるようにしましょう（4-1-4 入力関連のキーボード・ショートカット参照）。

4-3-2　SUMPRODUCT関数

　SUMPRODUCT関数は，引数として指定した配列の対応する変数間の積を計算し，その和を計算する関数です。

　　　書式：SUMPRODUCT（配列1, 配列2, 配列3…）

　SUMPRODUCT関数の使用例を見てみましょう。
　いま下図のように商品A～Eの各単価と数量が数値情報としてある場合，売上の合計を求めたいとします。この場合，計算演算子の「＊」を使って
　　　セルD2＝B2＊C2…
と商品毎の売上を計算し，SUM関数を使って
　　　セルD7＝SUM（D2：D6）
と合計します。
　この一連の掛け算と足し算を一気に処理するのがSUMPRODUCT関数です。
　　　セルD9＝SUMPRODUCT（B2：B6,C2：C6）
とできます。

図　SUMPRODUCT関数使用例

	A	B	C	D	E	F
1		単価	数量	売上		D列の数式
2	商品A	100	2	200		＝B2＊C2
3	商品B	200	7	1,400		＝B3＊C3
4	商品C	300	4	1,200		＝B4＊C4
5	商品D	400	1	400		＝B5＊C5
6	商品E	500	4	2,000		＝B6＊C6
7			合計	5,200		＝SUM（D2：D6）
8						
9				5,200		＝SUMPRODUCT（B2：B6,C2：C6）

メモ

ちなみに，配列数式という技法も同じ機能を持ちます。

4-3-3　MIN関数／MAX関数

MIN関数とMAX関数は，引数として指定した数値のうちそれぞれ最小値と最大値を計算する関数です。

　　　書式：MIN（数値1, 数値2, 数値3…）
　　　書式：MAX（数値1, 数値2, 数値3…）

MIN関数とMAX関数の使用例を見てみましょう。

下図のように6つの数値がある場合，最小値と最大値を求めたいとします。この場合，最小値はMIN関数で
　　　セルB5＝MIN（A1：B3）
と使います。また，最大値はMAX関数で
　　　セルB6＝MAX（A1：B3）
と使います。

図　MIN／MAX関数使用例

	A	B	C	D
1	2	3		
2	5	8		
3	10	6		
4				B列の数式
5	最小値	2		＝MIN(A1:B3)
6	最大値	10		＝MAX(A1:B3)

MIN関数とMAX関数は数字を変数として条件分岐を行うこともできます。これは大変重要な技法です。

4-3-4　N関数

N関数は，値を数値に変換する関数です。財務モデリングでは論理値TRUEを1に

── メモ ──

FALSEを0に変換するために使います。

書式：N(値)

N関数の使用例を見てみましょう。
下図は比較演算子をN関数で1と0に変換しています。違いを確認して下さい。

図　N関数使用例

	A	B	C	D
1	10	6		B列の数式
2		FALSE		＝(A1＝B1)
3		TRUE		＝(A1＞B1)
4		FALSE		＝(A1＜B1)
5		TRUE		＝(A1＞＝B1)
6		FALSE		＝(A1＜＝B1)
7		TRUE		＝(A1＜＞B1)
8		3		＝B2＋B3＋B4＋B5＋B6＋B7
9		0		＝SUM(B2：B7)
10				
11	6	10		B列の数式
12		0		＝N(A11＝B11)
13		0		＝N(A11＞B11)
14		1		＝N(A11＜B11)
15		0		＝N(A11＞＝B11)
16		1		＝N(A11＜＝B11)
17		1		＝N(A11＜＞B11)
18		3		＝B12＋B13＋B14＋B15＋B16＋B17
19		3		＝SUM(B12：B17)

4-3-5　IF関数

IF関数は，論理式の真偽によって計算結果を分岐する関数です。IF関数は，条件

分岐の中でも2つの分岐に使うのが相応です。3つ以上の分岐にも使うことができますが，数式が複雑な構造になり読解性の観点からお勧めできません。

　　　書式：IF(論理式,論理式が真の場合の値,論理式が偽の場合の値)

論理式が偽の場合の値は省略できます。省略するとFALSEがリターンされます。
再現性や読解性を考えるとIF関数は極力使用しないようにすべきです。比較演算子やMIN関数・MAX関数で代替できるからです。
しかし，エラー値の処理はIF関数でないとできません[10]。数式の中の一部でもエラー値が発生すると，どのような演習をしてもエラー値が返ってしまうからです。
簡単な例で見てみましょう。
下図で，金利費用/借入金残高という式で5年間の借入金利を計算したいとします。同じ数式を入力しておきたいのでB4～F4まで金利費用/借入金残高という数式を入力すると，1年と2年は借入金残高が0なのでエラー値（#DIV/0!）が返ります。このエラー値を0に変換したいとします。

図　IF関数使用例1

	A	B	C	D	E	F	G	H
1		1年	2年	3年	4年	5年		B列の数式
2	金利費用	－	－	6	7	6		
3	借入金残高	－	－	110	117	115		
4	借入金利%	#DIV/0!	#DIV/0!	5%	6%	5%		=B2/B3
5								
6	計算演算子	#DIV/0!	#DIV/0!	5%	6%	5%		=(B3>0)*B2/B3
7	IF関数	0%	0%	5%	6%	5%		=IF(B3>0,B2/B3,0)
8	IF関数	FALSE	FALSE	5%	6%	5%		=IF(B3>0,B2/B3)
9	IF関数とN関数	0%	0%	5%	6%	5%		=N(IF(B3>0,B2/B3))

この場合，論理式を使って分岐させようと思っても（6行）B2/B3がエラー値になるので上手くいきません。セルB6で，(B3>0)という論理式を掛け算すると
　　・B3>0であれば(B3>0)=1となり1*B2/B3＝B2/B3

・B3≦0であれば(B3>0) = 0となり 0＊B2/B3 = 0

としたいのですが，B2/B3のエラー値が優先されて，0＊B2/B3＝エラー値となってしまいます。

IF関数であればエラー値の処理ができます（7行～9行）。通常の条件分岐なら他の機能でも代替できます。このように，エラー値の処理はIF関数でないとできないのです。これがIF関数を必須関数の1つに採用した理由です。

もう1つ，文字列をリターンする場合もIF関数は威力を発揮します。収入－支出が0以上なら「利益」と表示し，0未満なら「損失」と表示したいとします。

図　IF関数使用例2

	A	B	C	D
1		実績		A列の数式
2	収入	100		
3	支出	(80)		
4	利益	20		=IF(B4>=0,"利益","損失")

	A	B	C	D
1		実績		A列の数式
2	収入	70		
3	支出	(80)		
4	損失	(10)		=IF(B4>=0,"利益","損失")

このようなケースではIF関数が良いでしょう[11]。

逆に言えば，
- エラーに関係しない
- 文字列をリターンしない

というケースではIF関数を使用しないようにしましょう。なぜなら再現性も読解性も低下する可能性が高いからです。

4-3-6　CHOOSE関数

CHOOSE関数は，引数リストの中から特定の値を1つ選択する関数です。

書式：CHOOSE(インデックス,値1,値2…)

インデックスは，リストの何番目の値を選択するかを指定するもので，1〜29までの数値/数値を返す数式またはセルを指定します。Excel上ではインデックスとなっていますが，これが分岐フラグ（**4-4-4 手動分岐フラグ参照**）になるわけです。分岐フラグが1であれば値1，2であれば値2が返される，という関数です。

例を見てみましょう。

いま0年目の売上高が100として今後3年の売上高をモデルにします。ただし，3つのケース（楽観，通常，悲観）が対前年伸率で与えられています。

図　CHOOSE関数使用例

	A	B	C	D	E	F
1			対前年伸率			
2	ケース#	ケース	1年目	2年目	3年目	
3	1	楽観	20%	20%	20%	
4	2	通常	10%	10%	0%	
5	3	悲観	0%	5%	5%	
6						
7	ケース#	1				
8						
9			0年目	1年目	2年目	3年目
10		売上高	100	120	144	173
11						
12		C10の数式	=B10*(1+CHOOSE($B$7,C3,C4,C5))			
13						
14			0年目	1年目	2年目	3年目
15		売上高	100	120	144	173
16						
17		C15の数式	=B15*(1+IF($B$7=1,C3,IF($B$7=2,C4,C5)))			

読解性を考えるとコンパクトにまとめなければなりません。そこで分岐フラグを

メモ

使って（セルB7），1，2，3と入力することによって売上高を変化させたいとします。

　このように3つ以上の分岐がある場合はCHOOSE関数が有効です。

　CHOOSE関数を使うとわかりやすくコンパクトに記述できます。

　　　セルC10＝B10＊(1＋CHOOSE($B$7,C3,C4,C5))

　同じロジックはIF関数を使っても可能です。

　　　セルC15＝＝B15＊(1＋IF($B$7＝1,C3,IF($B$7＝2,C4,C5)))

が，大変わかりにくい数式になってしまいます。いまは，まだケースが3つですから対応できますが，4つ5つになったらもっと複雑怪奇な数式になってしまいます。

4-3-7　OFFSET関数

　OFFSET関数は，基準のセルまたはセル範囲から指定された行数と列数だけシフトした位置にある高さと幅のセルまたはセル範囲の参照（オフセット参照）を返す関数です。

　　　書式：OFFSET(基準, 行数, 列数, 高さ, 幅)

　高さと幅は省略可能です。

　例で見てみましょう。

図　OFFSET関数使用例1

	A	B	C	D	E	F	G
1	1	2	3	4	5		
2	6	7	8	9	10		
3	11	12	13	14	15		
4	16	17	18	19	20		
5	21	22	23	24	25		
6							E列の数式
7	基点A1から下に2行, 右に3列				14		＝OFFSET(A1,2,3)

　セルE7は，セルA1を基点として下に2，右に3ずらした位置にあるセル参照であるD3の値14を返しています。

次に，下がプラス，右がプラスなので，逆はマイナスになります。

図　OFFSET関数使用例2

	A	B	C	D	E	F	G
1	1	2	3	4	5		
2	6	7	8	9	10		
3	11	12	13	**14**	15		
4	16	17	18	19	20		
5	21	22	23	24	**25**		
6							E列の数式
7	基点E5から上に2行,左に1列				14		=OFFSET(E5,−2,−1)

セルE7は，セルE5を基点として上に2（下に−2），左に1（右に−1）ずらした位置にあるセル参照であるD3の値14を返しています。

では，もう少し実践に近い例で考えてみましょう。先ほどのCHOOSE関数の例です。これをOFFSET関数で記述してみます。

図　OFFSET関数使用例3

	A	B	C	D	E	F
1			対前年伸率			
2	ケース#	ケース	1年目	2年目	3年目	
3	1	楽観	20%	20%	20%	
4	2	通常	10%	10%	0%	
5	3	悲観	0%	5%	5%	
6	4	超悲観	0%	1%	1%	
7	ケース#	1				
8						
9		0年目	1年目	2年目	3年目	
10	売上高	100	120	144	173	
11						
12		C10の数式	=B10*(1+OFFSET(C2,$B$7,0))			

メモ

数式は上のようになります。IF関数やCHOOSE関数よりもコンパクトな式となり優れています。もう1つ，IF関数やCHOOSE関数には対応できなくてOFFSET関数だけが対応できる優れたポイントがあります。

それはシナリオの数という変数に対応できるということです。図で，4番目のケースとして超悲観ケースが出ています。OFFSET関数だけがフラグ（B7）に4を入力しても対応できます。行を挿入すればケースは何個でも追加できますし，OFFSET関数の式は変更する必要はありません。つまり，操作性の次元が全く異なってくるということです。

例で見てみましょう。

取引先A社の今後1年間の月商の見込みの一覧表があります。売上は全額売掛金とし一定月後（＝売掛金サイト）現金として回収されます。つまり，売掛金のサイトは販売月（つまり月商が計上された時点）から現金として回収されるまでの月数を表し

図　OFFSET関数使用例4

	A	B	C	D	E
1	取引先A社	月商予測			
2	2009年04月	12			
3	2009年05月	15			
4	2009年06月	17			
5	2009年07月	18			
6	2009年08月	9			
7	2009年09月	11			
8	2009年10月	12			
9	2009年11月	18			
10	2009年12月	30			
11	2010年01月	15			
12	2010年02月	13			
13	2010年03月	35	決算月		
14					C列の数式
15	売掛金サイト		3		
16	売掛金残高		63		＝SUM(B13:OFFSET(B13,－C15＋1,0))

ます。いまこの売掛金のサイトが変更になる可能性があるとします。仮に変更になった場合の決算月での売掛金残高を計算したいとします（例えば，サイト3ヶ月なら売掛金残高は1～3月の3ヶ月分（15 + 13 + 35）= 63となる）。

売掛金サイト（C15）が変更されても，売掛金残高を自動的に計算させるためにはどのような式を入力したらよいでしょうか。

図のようにOFFSET関数を使って記述することができます。

SUM関数の引数の一部としてOFFSET関数を使っています。ただし，この数式はサイト＝0つまり現金払いの時に正しい計算ができないので注意が必要です。

ちなみに，論理式（C15＞0）を掛け算することで対応できます。その場合，

　　セルC10＝SUM(B13:OFFSET(B13,−C15＋1,0))＊(C15＞0)

という数式になります。

4-3-8　TEXT関数

TEXT関数は，数値を書式設定した文字列に変換する関数です。

　　書式：TEXT(値,"表示形式")

文字列演算子（4-2-4 計算演算子の基本参照）で数値を文字列結合しても書式情報がないまま結合してしまいます。任意の書式にしたい場合TEXT関数を使います。

下図のB2の数式はA2を文字列結合しています。A2は桁区切りの書式になっていますが，結合すると書式情報はなくなってしまいます。このようなケースでTEXT関数を使います。数値データを書式設定して文字列にします。下図のA3は桁区切りの書式になっていません。が，B3は文字列結合するときにTEXT関数で桁区切りの書式をしています。参照元の書式と関係なく設定できるわけです。

図　TEXT関数使用例1

	A	B	C	D
1				B列の数式
2	1,000	売上は1000です		="売上は"&A2&"です"
3	1000	売上は1,000です		="売上は"&TEXT(A3,"#,##0")&"です"

メモ

TEXT関数の他の例を見てみましょう。

図　TEXT関数使用例2

	A	B	C	D
1				B列の数式
2	10%	利益率は0.1です		="利益率は"&A2&"です"
3	10%	利益率は10%です		="利益率は"&TEXT(A3,"0%")&"です"
4				
5	39903	今日は39903です		="今日は"&A5&"です"
6	39903	今日は2009/3/31です		="今日は"&TEXT(A6,"yyyy/m/d")&"です"

　これらの例を見てわかるように，Excelで設定できる書式はTEXT関数で指定でき文字列化できます。書式の設定は，"表示形式"で指定します。

　しかし，表示形式は通常の人間には理解できない記号で記述されます。また，多くの種類があり到底覚え切れません。

　よい方法が1つあります。まず，任意のセルをTEXT関数で文字列化したい書式に設定します。その後，そのセルで

　　　　セルの書式設定→表示形式→ユーザー定義

　ここで，「種類」の部分に出ている記号があります。これが，TEXT関数の表示形式となります。この記号をコピーしてTEXT関数の引数とすれば完成です。

　TEXT関数と文字列演算子を使うとコメントやタイトルの中の変数にまで操作性を高めることができます。

4-3-9　INDIRECT関数

　INDIRECT関数は，参照文字列によって指定されるセルに入力されている文字列を介して間接的なセルの指定を行う関数です。

　　　書式：INDIRECT(参照文字列,参照形式)　参照形式は省略可

　INDIRECT関数を使うと数式自体を変更しないで数式内で使用しているセルへの参照を変更することができます。名前と共に使うとより効果的です。

例で見てみましょう。

いま下図のような3年間の予測の要約損益計算書があるとします。

図　INDIRECT関数使用例1

	A	B	C	D	E	F
1	要約損益計算書	予測1年目	予測2年目	予測3年目		
2	売上高	2,259	2,246	2,358		
3	売上原価	(1,186)	(1,170)	(1,195)		
4	売上総利益	1,073	1,076	1,163		
5	販管費	(818)	(809)	(911)		
6	営業利益	255	267	252		
7	営業外収益	103	96	99		
8	営業外費用	(46)	(55)	(52)		
9	経常利益	312	308	299		
10	特別利益	―	―	―		
11	特別損失	(62)	―	―		
12	税引前当期純利益	250	308	299		
13	法人税等	(121)	(160)	(176)		
14	当期純利益	129	148	123		
15						C列の数式
16	予測2年目の売上総利益		1,076			＝C4
17	予測2年目の売上総利益		1,076			＝INDIRECT(C18)
18		セル参照	C4			＝C19&C20
19		列	C			C
20		行	4			4

　セルC16は＝C4という数式が入力されているので，予測2年目の売上総利益がリターンされています。これが普通の参照，敢えて言うなら直接参照です。

　一方，セルC17は＝INDIREC(C18)という数式が入力されています。セルC18にはC4という文字列が入力されています。INDIRECT関数はこのC4という文字列のセルの値を返します。よって，予測2年目の売上総利益がリターンされています。こ

れが間接参照です。

この機能の何が良いのか？　いままでの技法とは全く違うセンスの技法です。

ここで他の異なるセルを参照する場合，例えば予測3年目の営業利益（セルD6）を考えてみましょう。

直接参照ではセルC16に入力されている＝C4という数式を＝D6という数式に変更しなければいけません。

一方，間接参照ではセルC18のC4という文字列をD6と変更することによって，すなわちINDIRECT関数の入力されているセルC17の数式を変更することなく参照を変更することができるのです。

つまり参照の変更を変数によって行うことができるということです。

ですから，参照文字列はC4という文字列を入力することはありません。図のように列を表すCと行を表す4を文字列結合することによって作成します。すると，C19とC20の2つの変数で参照をコントロールできることになります。今のケースでは手動ですが，論理式を使うと簡単に自動化にすることができます。

図　INDIRECT関数の構造

```
セルC19＝C  ┐
文字列結合   ├→ セルC18＝C19&C20 → セルC17＝INDIRECT(C18)
セルC20＝4  ┘         ↓                    ↓
                  C4：間接参照           1,076
```

INDIRECT関数の優れている点はたくさんあるのですが，特に，
- 入力レバレッジの高い数式を作成できること
- シート間の参照をコントロールできること

の2点が傑出しています。

入力レバレッジについて，下の例で見てみましょう。

図のようにタテ軸に4，6，9，12，14，ヨコ軸にB，C，D，Eと入力します。これ

だけで，3年間の5つの利益の一覧表が簡単にできます。

図　INDIRECT関数使用例2

	A	B	C	D	E
1		要約損益計算書	予測1年目	予測2年目	予測3年目
2		売上高	2,259	2,246	2,358
3		売上原価	(1,186)	(1,170)	(1,195)
4		売上総利益	1,073	1,076	1,163
5		販管費	(818)	(809)	(911)
6		営業利益	255	267	252
7		営業外収益	103	96	99
8		営業外費用	(46)	(55)	(52)
9		経常利益	312	308	299
10		特別利益	—	—	—
11		特別損失	(62)	—	—
12		税引前当期純利益	250	308	299
13		法人税等	(121)	(160)	(176)
14		当期純利益	129	148	123
15					
16		B	C	D	E
17	4	売上総利益	1,073	1,076	1,163
18	6	営業利益	255	267	252
19	9	経常利益	312	308	299
20	12	税引前当期純利益	250	308	299
21	14	当期純利益	129	148	123

セルB17には，以下の数式が入力されています。

　　セルB17＝INDIRECT（B$16&$A17）

この数式は5×4＝20のセルに縦横コピーできます。入力レバレッジ1：20の効率の良い数式です。

もちろん，タテ軸ヨコ軸のデータがフラグになっているので，これらを変更することによって好みの一覧表に簡単に変えられます。

メモ

4-4 フラグ

4-4-1 フラグとは

フラグは主に条件分岐を記述する際に使います。語源は定かではありませんが，何らかの「旗（＝flag）」のことを意味しているのは確かです。判断の分岐をさせるために旗のように目印として使うからなのでしょう。関連して，ある条件を満たすとフラグを「ON」にするという意味で，「フラグを立てる」と言われることもあります。

フラグ活用の利点としては，条件が明確に記述でき，思考の流れに沿った読解性の高いモデリングが可能であるということでしょう。同時に，フラグという手法ひとつで様々な局面に対応でき，モデルの拡張をスムーズに行うこともできます。複雑な条件でも再現性の高い簡単な技法で実現できる「レバレッジの高い」技法です。

さて，フラグというと0と1というイメージを持つ人もいるかも知れません。定義からわかるように，僕はフラグというものをもっと広く捉えています。その説明を兼ねて，フラグの分類をしてみます。

まず，機能から言うと大きく2つに分類できます。

（a）01フラグ

　フラグが最も多く用いられるのはONとOFFの切り替えで，変数として1と0が用いられる

　1＝条件を満たす，0＝条件を満たさない

（b）分岐フラグ

　3以上の場合分けにより，判断を分岐させる時に用いられる

　キー，コントロール・ナンバー，インデックスなどとも呼ばれる

また，作成方法から言うと大きく2つに分類できます。

（a）手動フラグ

　定数としてセルに数値を直接入力するフラグ

（b）自動フラグ

　条件を論理式を使って入力するフラグ

これらはそれぞれの組み合わせがあるので，大きく4つに分類できます。すなわち，手動01フラグ，自動01フラグ，手動分岐フラグ，自動分岐フラグ，の4つです。

01フラグを論理式を使って自動化するためにはN関数を使います（4-3-4 N関数

参照)。

では，順次説明していきましょう。

4-4-2　手動01フラグ

手動01フラグは最も多く用いられるフラグです。一般に2つの分岐に使われ，ONとOFFの切り替えを表します。変数として1と0を用いるのが実践的です。1＝条件を満たす，0＝条件を満たさない，とされます。

簡単な例で見てみましょう

いま，投資可能なプロジェクトがプロジェクト1～5の5つあるとします。5つのプロジェクトはそれぞれ異なる投資額と異なる収益率（年率）を持つとします。ここで，どのプロジェクトに投資するかを考えたいとします。5つ全てのプロジェクトに投資するかもしれない，5つの内のいくつかに投資するかもしれない，様々な可能性があるとします。ちなみに，組み合わせは2の5乗すなわち32通りあります。

さて，モデル的には，どのようなプロジェクトの組み合わせになっても採択されるプロジェクトからの（年間）収益の合計をD8に計算したいとします。

図　手動01フラグ1

	A	B	C	D
1		投資額	収益率	採択
2	プロジェクト1	100	5%	
3	プロジェクト2	150	8%	
4	プロジェクト3	120	12%	
5	プロジェクト4	350	7%	
6	プロジェクト5	240	10%	
7				
8	採択プロジェクトからの収益			

そこで，D2～D6にフラグを立てプロジェクトへの投資の採択と不採択に分岐させたいとします。この場合，D2～D6には採択と不採択の2通りがわかるような変数であれば，何でも良いわけです。

例えば，そのままダイレクトに"採択"と"不採択"という文字列を入力しても，

"Y"と"N"という文字列を入力しても，よいでしょう。いずれにしても，直接入力しているので手動フラグになります。

図　手動01フラグ2

	A	B	C	D	E	F	G	H	I
1		投資額	収益率	採択			投資額	収益率	採択
2	プロジェクト1	100	5%	採択		プロジェクト1	100	5%	Y
3	プロジェクト2	150	8%	採択		プロジェクト2	150	8%	Y
4	プロジェクト3	120	12%	不採択		プロジェクト3	120	12%	N
5	プロジェクト4	350	7%	不採択		プロジェクト4	350	7%	N
6	プロジェクト5	240	10%	採択		プロジェクト5	240	10%	Y
7									
8	採択プロジェクトからの収益			?		採択プロジェクトからの収益			?

ただし，このような文字列を入力すると後の処理が面倒になります。具体的に言うと，D8の収益合計の計算です。できなくはないのですが，関数を使うことになります。不必要な関数の使い方です。

ここで，フラグですから何でも良いのですが，後の計算が楽なように0と1を使います。この場合，1＝投資採択，0＝投資不採択，とフラグを立てます。プロジェクト1,2,5を採択する場合は以下となります。

図　手動01フラグ3

	A	B	C	D	E	F
1		投資額	収益率	採択	収益額	
2	プロジェクト1	100	5%	1	5	＝B2＊C2＊D2
3	プロジェクト2	150	8%	1	12	＝B3＊C3＊D3
4	プロジェクト3	120	12%	0	0	＝B4＊C4＊D4
5	プロジェクト4	350	7%	0	0	＝B5＊C5＊D5
6	プロジェクト5	240	10%	1	24	＝B6＊C6＊D6
7						
8	採択プロジェクトからの収益			41	＝SUM(E2:E6)	

01フラグにすると，それぞれ掛け算してSUMするだけで簡単に集計することができます。SUM関数は使ってますが，0と1を入力して掛け算しただけです。再現性の高い技法と言えます。

また，SUMPRODUCT関数を使うとさらに簡単に計算できます。配列数式を使っても同じです。

図　手動01フラグ4

	A	B	C	D	E
1		投資額	収益率	採択	
2	プロジェクト1	100	5%	1	
3	プロジェクト2	150	8%	1	
4	プロジェクト3	120	12%	0	
5	プロジェクト4	350	7%	0	
6	プロジェクト5	240	10%	1	
7					
8	採択プロジェクトからの収益			41	=SUMPRODUCT(B2:B6,C2:C6,D2:D6)

このように，01フラグは条件を分岐するだけでなく，掛け算することにより条件を満たすものを抽出することにも適用できるわけです。大変便利な技法です。

これが手動01フラグの典型例です。

ここから，プロジェクトの採択基準が明確になってくると（例えば収益率10%以上のものを採択するとか），フラグを自動化することができるわけです。

4-4-3　自動01フラグ

自動01フラグは，論理式を使って01を自動的に計算させるものです。もちろん，1＝条件を満たす，0＝条件を満たさない，とされます。

簡単な例で見てみましょう

先ほどの自動01フラグの例で再び考えます。

プロジェクトの採択基準が明確になり，収益率が10%以上のプロジェクトを採択するとします。もちろん，10%は変数として処理しなければいけません。また，どの

メモ

ようなプロジェクトの組み合わせになっても採択されるプロジェクトからの（年間）収益の合計をD8に計算したいとします。

図　自動01フラグ1

	A	B	C	D
1		投資額	収益率	採択
2	プロジェクト1	100	5%	
3	プロジェクト2	150	8%	
4	プロジェクト3	120	12%	
5	プロジェクト4	350	7%	
6	プロジェクト5	240	10%	
7				
8	採択プロジェクトからの収益			
9				
10		収益率	10%	以上

そこで，D2～D6にフラグを立てプロジェクトへの投資の採択と不採択に分岐させます。当然01フラグ（1＝投資採択，0＝投資不採択）を立てます。

今回は条件が明確に論理式で記述できます。

ただし，単に論理式を使うだけではTRUEとFALSEという論理値が返ってきます。しかし，TRUEとFALSEという論理値では関数を使用した時に不都合が出ます。

図　自動01フラグ2

	A	B	C	D	E	F
1		投資額	収益率	採択		D列の数式
2	プロジェクト1	100	5%	FALSE		＝(C2＞＝$C$10)
3	プロジェクト2	150	8%	FALSE		＝(C3＞＝$C$10)
4	プロジェクト3	120	12%	TRUE		＝(C4＞＝$C$10)
5	プロジェクト4	350	7%	FALSE		＝(C5＞＝$C$10)
6	プロジェクト5	240	10%	TRUE		＝(C6＞＝$C$10)
7						
8	採択プロジェクトからの収益					
9						
10		収益率	10%	以上		

ここでN関数を使ってTRUEとFALSEを1と0に変換します。

このように処理をするとSUMPRODUCT関数を使って一発で計算できます。これは手動フラグと同じです。

図　自動01フラグ3

	A	B	C	D	E	F
1		投資額	収益率	採択		D列の数式
2	プロジェクト1	100	5%	0		=N(C2>=$C$10)
3	プロジェクト2	150	8%	0		=N(C3>=$C$10)
4	プロジェクト3	120	12%	1		=N(C4>=$C$10)
5	プロジェクト4	350	7%	0		=N(C5>=$C$10)
6	プロジェクト5	240	10%	1		=N(C6>=$C$10)
7						
8	採択プロジェクトからの収益			38		=SUMPRODUCT(B2:B6,C2:C6,D2:D6)
9						
10		収益率	10%	以上		

4-4-4　手動分岐フラグ

手動分岐フラグは，数値を直接入力して条件分岐を行うフラグです。通常3つ以上の分岐に使います。ですから，1から始まる自然数を使うのが一般的です。

2-2-3 読解性の説明で使った例をもう一度見てみましょう。

メモ

図　手動分岐フラグ1

	A	B	C	D	E	F	G
1		実績	1年目	2年目	3年目	4年目	5年目
2	収入	100	105	111	119	124	129
3	支出	80	84	90	98	100	104
4	利益	20	21	21	21	24	24
5	ケース	1					
6	楽観ケース						
7	収入伸率		5%	6%	7%	4%	4%
8	支出/収入率		80%	81%	82%	81%	81%
9	ベースケース						
10	収入伸率		3%	4%	4%	2%	1%
11	支出/収入率		81%	81%	81%	82%	82%
12	悲観ケース						
13	収入伸率		1%	2%	2%	0%	0%
14	支出/収入率		81%	82%	82%	83%	83%

　セルB5に1を入力すると楽観ケース，2を入力するとベースケース，3を入力すると悲観ケース，と3つのケースを分岐させています。

　これが手動分岐フラグの典型例です。

　ケースが3つあるので，01フラグでは対応できません。そこで分岐フラグ（1,2,3）を使うわけです。基本的に3つの異なるデータであれば何でもよいわけですが，収入と支出のセルにCHOOSE関数やOFFSET関数など関数を使う場合，1から始まる自然数であると処理が容易なのです。

　また，同じく2-2-1操作性の説明で使った例ももう一度見てみましょう。

　セルC9に1～5の数字を入力するとC10に1年目から数字に対応した年数まで利益の累計を計算させるというものでした。

図　手動分岐フラグ2

	A	B	C	D	E	F	G	H	I
1		実績	1年目	2年目	3年目	4年目	5年目		C列の数式
2	収入	100	105	110	116	122	128		=B2*(1+$C$6)
3	支出	80	84	88	93	97	102		=C2*$C$7
4	利益	20	21	22	23	24	26		=C2−C3
5									
6	収入伸率%	5%							
7	支出/収入%	80%							
8									
9	累計年数	3							
10	利益累計	66			=SUM(C4:OFFSET(C4,0,C9−1))				

　セルC9は累計年数という意味を持つ変数です。何でもよいわけではなく1～5の数字でないといけません。しかし、実態上はフラグの役割をしていますので、手動分岐フラグと考えてよいと思います。

4-4-5　自動分岐フラグ

　自動分岐フラグは、関数等を使って分岐フラグを自動的に計算させるものです。
　自動分岐フラグは、論理式を使って一旦自動01フラグを作成し、作成された01フラグを処理することにより作成できます。
　2-2-1操作性で使ったモデルに少し条件を追加した例で見てみましょう。
　いま、予測1年目～5年目の利益に配当割合を掛け算した額を配当金として支払うとします。ただし、図の9行以下の表のように利益水準によって配当割合が異なってくるとします（例えば、利益が21であった場合、配当割合20%となるので、配当金＝21*20%となる）。
　さて、財務モデルは収益伸率と支出/収入%を変数としているので利益の予測値は変化します。利益の予測値が変化しても、対応する配当割合を自動的に計算させたい。どのように処理したらよいでしょうか？

メモ

図　自動分岐フラグ1

	A	B	C	D	E	F	G	H	I
1		実績	1年目	2年目	3年目	4年目	5年目		C列の数式
2	収入	100	105	110	116	122	128		＝B2＊(1＋$C$6)
3	支出	80	84	88	93	97	102		＝C2＊$C$7
4	利益	20	21	22	23	24	26		＝C2－C3
5									
6	収入伸率%		5%						
7	支出/収入%		80%						
8									
9				利益		配当			
10				以上	未満	割合			
11		Tier1		0	20	10%			
12		Tier2		20	22	20%			
13		Tier3		22	24	30%			
14		Tier4		24	∞	50%			

　複雑な関数を使い複雑な数式により処理することはできるでしょう。しかし，それでは再現性が損なわれてしまいます。この場合自動分岐フラグを使うと簡単な数式で記述できます。分岐フラグは他のフラグと同じように論理式とN関数とSUM関数程度で作成できてしまいます。再現性が高い技法なのです。次ページ図を見てください。

図 自動分岐フラグ2

	A	B	C	D	E	F	G	H	I
1			実績	1年目	2年目	3年目	4年目	5年目	C列の数式
2		収入	100	105	110	116	122	128	=B2*(1+$C$6)
3		支出	80	84	88	93	97	102	=C2*$C$7
4		利益	20	21	22	23	24	26	=C2-C3
5									
6		収入伸率%	5%						
7		支出/収入%	80%						
8									
9				利益		配当			
10				以上	未満	割合			
11		Tier1	0	20	10%				
12		Tier2	20	22	20%				
13		Tier3	22	24	30%				
14		Tier4	24	∞	50%				
15									
16	01フラグ	Tier1	1	1	1	1	1		=N(C$4>=$C11)
17		Tier2	1	1	1	1	1		=N(C$4>=$C12)
18		Tier3	−	1	1	1	1		=N(C$4>=$C13)
19		Tier4	−	−	−	1	1		=N(C$4>=$C14)
20	分岐フラグ		2	3	3	4	4		=SUM(C16:C19)

　セルC16に自動01フラグを作成します。複合参照を使って

　　　セルC16＝N(C$4>=$C11)

という数式を作成すると縦横にコピーできます。入力レバレッジ1：20でいけます。これは利益が階層（表ではTier1～4）の下限の区切り値以上か否かを自動01フラグにしたものです。このフラグを合計すれば，自動分岐フラグが完成します。この分岐フラグは利益がどの階層かという数値を表しています。

　ここまで処理ができると，後はCHOOSE関数やOFFSET関数など（4-3 関数の活用法参照）を使い表から配当割合を抽出することができます。

　この01フラグを合計して分岐フラグを作成する技法は他にも広く使えます。

　ちなみに同じ処理は，分岐フラグではなく01フラグを使っても可能です。

　セルC16に自動01フラグを作成します。複合参照を使って

セルC16＝N(C$4>=$C11)＊N(C$4<$D11)

という数式を作成すると縦横にコピーできます。やはり入力レバレッジ1：20です。これは下限と上限の区切り値を両方満足するかという論理式です。

このように処理をすると，配当割合のセルC20はSUMPRODUCT関数を使って一発で計算できます。これ以上の関数は必要ありません。

図　自動分岐フラグ3

	A	B	C	D	E	F	G	H	I
1			実績	1年目	2年目	3年目	4年目	5年目	C列の数式
2		収入	100	105	110	116	122	128	=B2＊(1+$C$6)
3		支出	80	84	88	93	97	102	=C2＊$C$7
4		利益	20	21	22	23	24	26	=C2−C3
5									
6		収入伸率%	5%						
7		支出/収入%	80%						
8									
9				利益		配当			
10				以上	未満	割合			
11			Tier1	0	20	10%			
12			Tier2	20	22	20%			
13			Tier3	22	24	30%			
14			Tier4	24	∞	50%			
15									
16		01フラグ	Tier1		−	−	−	−	
17			Tier2	1	−	−	−	−	
18			Tier3	−	1	1	−	−	
19			Tier4	−	−	−	1	1	
20		配当割合		20%	30%	30%	50%	50%	
21									
22									
23				フラグ−C列の数式					
24				=N(C$4>=$C11)＊N(C$4<$D11)					
25				=N(C$4>=$C12)＊N(C$4<$D12)					
26				=N(C$4>=$C13)＊N(C$4<$D13)					
27				=N(C$4>=$C14)＊N(C$4<$D14)					
28				=SUMPRODUCT($E$11:$E$14,C16:C19)					

4-4-6　その他のフラグ

　フラグには01フラグと分岐フラグ以外にも様々な形のものがあります。ただし，今まで学習してきたことを応用すれば難しくありません。

　いくつか紹介しておきます。

　2-2-1 操作性の例で見てみましょう。

　累計年数を分岐フラグとして利益累計を計算したいとします。

　ここで，1行目に年数を表す1〜5の数字を入力します。これは年次フラグと呼び，財務モデリングではしばしば使います。

　すると，モデルの再現性が一気に向上します。

図　年次フラグ

	A	B	C	D	E	F	G	H	I
1	年次フラグ→		1	2	3	4	5		
2		実績	1年目	2年目	3年目	4年目	5年目		C列の数式
3	収入	100	105	110	116	122	128		=B3*(1+$C$7)
4	支出	80	84	88	93	97	102		=C3*$C$8
5	利益	20	21	22	23	24	26		=C3−C4
6									
7	収入伸率%		5%						
8	支出/収入%		80%						
9	01フラグ		1	1	1	−	−		=N(C1<=$C$10)
10	累計年数		3						
11	利益累計		66			=SUMPRODUCT(C5:G5,C9:G9)			

　01フラグの数式は以下となります。年次フラグと比較をして

　　セルC9 = N(C1<=$C$10)

とすれば，累計の対象となる年数だけ1というフラグが立ちます。

　そこで利益累計は

　　セルC11 = SUMPRODUCT(C5:G5,C9:G9)

とSUMPRODUCT関数を使って簡単に処理できます。

📝 **メモ**

年次フラグもあれば月次フラグもあります。
4-3-7 OFFSET関数の例で見てみましょう。

図　月次フラグ

	A	B	C	D	E	F
1		取引先A社	月商予測	01フラグ		D列の数式
2	12	2009年04月	12	−		=N(A2<=$D$15)
3	11	2009年05月	15	−		=N(A3<=$D$15)
4	10	2009年06月	17	−		=N(A4<=$D$15)
5	9	2009年07月	18	−		=N(A5<=$D$15)
6	8	2009年08月	9	−		=N(A6<=$D$15)
7	7	2009年09月	11	−		=N(A7<=$D$15)
8	6	2009年10月	12	−		=N(A8<=$D$15)
9	5	2009年11月	18	−		=N(A9<=$D$15)
10	4	2009年12月	30	−		=N(A10<=$D$15)
11	3	2010年01月	15	1		=N(A11<=$D$15)
12	2	2010年02月	13	1		=N(A12<=$D$15)
13	1	2010年03月	35	1		=N(A13<=$D$15)
14		決算月				
15			売掛金サイト	3	3	
16			売掛金残高	63		=SUMPRODUCT(C2:C13,D2:D13)

売掛金サイト（D15）を分岐フラグとして，売掛金残高を自動的に計算させるためにはどのような式を入力したらよいでしょうか。

先ほどの年次フラグと同様に月を表す1～12の数字を入力します。あとは同じように，01フラグを作成した後図のようにSUMPRODUCT関数を使って簡単に処理できます。

4-5　機能活用

4-5-1　データテーブル

　データテーブルとは，数式に様々な値を代入し計算した結果をセル範囲にまとめたものです。データテーブルには，1つの変数を設定する単入力と2つの変数を設定する複入力があります。

　設定方法（複入力の場合）は以下です。
- 代入セルを参照する式（＝演算させたい式）を入力
- 数式の下に1つめの変数，右に2つめの変数を入力
- 数式を頂点に変数を入力した範囲を選択
- ［データ］メニューの［テーブル］を指定
- ［行の代入セル］ボックス／［列の代入セル］ボックスそれぞれ入力

　データテーブルは非常に有効な技法なのですが，ヘルプなどの解説を一読してもなかなか理解できません。ですから，上級者でもパスしていることが多いのです。

　例を見てみましょう。

　2-2-1 操作性の例で見たモデルをベースに考えます。もともとは，収入伸率を5％，支出／収入を80％を前提としてモデルを完成させました。

　収入伸率と支出／収入が様々な値を取った時に，このモデルがどのような変化をするのかを一覧表にして分析したいとします。ここでは，5年後の利益の一覧表を作成してみましょう。そこで，収入伸率を3％から7％まで1％刻みで変化させる，一方で支出／収入を78％から82％まで1％刻みで変化させる，とします。

　このような分析を，感応度分析（センシティビリティ分析）と言います。為替や金利など環境変数（2-3-3 マネジメント参照）の影響が大きい思われる場合は必ず行われる分析です。

　さて，操作としてはまず図のようにタテ軸ヨコ軸に数値を入力します。

📝 **メモ**

図　データテーブル使用例1

	A	B	C	D	E	F	G
1		実績	1年目	2年目	3年目	4年目	5年目
2	収入	100	105	110	116	122	128
3	支出	80	84	88	93	97	102
4	利益	20	21	22	23	24	**26**
5							
6		収入伸率%	5%				
7		支出/収入%	80%				
8							
9			収入伸率%				
10			3%	4%	5%	6%	7%
11		78%					
12	支出/収入%	79%					
13		80%					
14		81%					
15		82%					

	A	B	C	D	E	F	G
9			収入伸率%				
10		**26**	3%	4%	5%	6%	7%
11		78%					
12	支出/収入%	79%					
13		80%					
14		81%					
15		82%					

注）テーブルの代入セルの指定

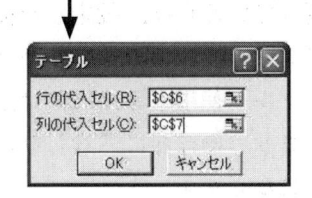

テーブル
行の代入セル(R)： $C$6
列の代入セル(C)： $C$7
OK　キャンセル

次に，
- 頂点のセル（B10）に分析対象の数式を入力（ここでは = G4）
- 頂点のセルと入力した数値を全て範囲指定（B10：G15）
- メニュー→データ→テーブルと操作し［Enter］キー
- テーブルのボックスで行の代入セルC6列の代入セルC7を指定

と操作します。

すると，下図のように完成します。

図　データテーブル使用例2

	A	B	C	D	E	F	G
1		実績	1年目	2年目	3年目	4年目	5年目
2	収入	100	105	110	116	122	128
3	支出	80	84	88	93	97	102
4	利益	20	21	22	23	24	**26**
5							
6	収入伸率%		5%				
7	支出/収入%		80%				
8							
9				収入伸率%			
10		26	3%	4%	5%	6%	7%
11	支出/収入%	78%	26	27	28	29	31
12		79%	24	26	27	28	29
13		80%	23	24	26	27	28
14		81%	22	23	24	25	27
15		82%	21	22	23	24	25

説明は長くなりましたが，操作は簡単で30秒くらいで終わってしまいます。

データテーブルの優れている点は，設定した後でも操作性が確保されていることです。設定した後，分析対象の頂点の数式もまたタテ軸ヨコ軸のデータも変更可能です。

ただし，データテーブルを使用するためには設定したい変数について対応していなければなりません。つまり，操作性に注意しないとデータテーブルという機能を知っていても使えないことになります。

―メモ―

また，先ほどのINDIRECT関数の一覧表もデータテーブルで作成することができます。図のC17：E22はデータテーブルで作成しています。B24を行の代入セル，B25を列の代入セルに指定すれば簡単に作成できます。

図　データテーブル使用例3

	A	B	C	D	E
1		要約損益計算書	予測1年目	予測2年目	予測3年目
2		売上高	2,259	2,246	2,358
3		売上原価	(1,186)	(1,170)	(1,195)
4		売上総利益	1,073	1,076	1,163
5		販管費	(818)	(809)	(911)
6		営業利益	255	267	252
7		営業外収益	103	96	99
8		営業外費用	(46)	(55)	(52)
9		経常利益	312	308	299
10		特別利益	—	—	—
11		特別損失	(62)	—	—
12		税引前当期純利益	250	308	299
13		法人税等	(121)	(160)	(176)
14		当期純利益	129	148	123
15					
16		2,259	予測1年目	予測2年目	予測3年目
17		売上高	2,259	2,246	2,358
18		売上総利益	1,073	1,076	1,163
19		営業利益	255	267	252
20		経常利益	312	308	299
21		税引前当期純利益	250	308	299
22		当期純利益	129	148	123
23					
24		予測1年目	←行の代入セル		
25		売上高	←列の代入セル		

分析対象の頂点のセルB16には，以下の数式が入力されています。

　　セルB16＝INDIRECT（B24）　INDIRECT（B25）

INDIRECT関数と参照演算子スペースを使っています。

このように，データテーブルは，いわゆる感応度分析以外にも多様な活用法があります。

4-5-2　ゴール・シーク

ゴール・シークは，最適化分析ツールとも呼ばれるコマンド群の1つです。数式の計算結果が目的の値となるように，数式に代入する値の最適値を求めるものです。

ゴール・シークは全体像をデッサンするために使います。変数の範囲を決めないで結果を出して眺めて見よう，という使い方です。例えば，

- どのような状況になったら利益を計上できるか
- どのような状況まで資金繰りが大丈夫か
- 追加の資金調達が必要なのかどうか

などを把握し財務モデリングのマネジメントの参考にします。

ゴール・シーク機能を使用するには，［ツール］メニューの［ゴール・シーク］をクリックします。ゴール・シークを実行すると，指定したセルを参照する数式が目標の値を返すまで，その参照元セルの値が変化し，解が求められます。

下図で，5年後の利益が30になるためには収入伸率が何％であればよいのか，を計算してくれるのがゴール・シークです。

📝 メモ

....
....
....
....
....
....

図　ゴール・シーク使用例

	A	B	C	D	E	F	G
1		実績	1年目	2年目	3年目	4年目	5年目
2	収入	100	105	110	116	122	128
3	支出	80	84	88	93	97	102
4	利益	20	21	22	23	24	26
5							
6		収入伸率%	5%				
7		支出/収入%	80%				

```
ゴール シーク              [?][X]
数式入力セル(E):  $G$4
目標値(V):        30
変化させるセル(C): $C$6
       OK       キャンセル
```

ゴール・シークで，
- 数式入力セル　→5年後の利益（セルG4）
- 目標値　　　　→目標の利益（30）
- 変化させるセル→収入伸率（セルC6）

で［Enter］キーを押すと収束値を計算し8.44717019049168％という値を返します。

この値があり得ない様なものであっても，参考として見ておくという位置付けです。

変数がある程度の幅に収束しているのであればデータテーブルを使って感応度分析をした方がよいでしょう。

（注）

8　複合参照（行絶対）は列が相対参照，行が絶対参照の意。複合参照（列絶対）は列が絶対参照，行が相対参照の意。

9　＝－2＾2は－4ではなく4。＝－2＾－1＊2は－1。

10　Excel2007では，IFERROR関数でも処理可能です。エラー値の処理により有効な関数です。

11　書式設定のユーザー定義で［＞＝0］"利益"；［＜0］"損失"　と指定することでも処理できます。

第5章

財務モデリングの実践例

- 5-1　単純合計と累積合計
- 5-2　計数計画立案
- 5-3　損益分岐点分析
- 5-4　NPV

※『FASSベーシック公式テキスト　財務モデリング』には他のビジネス・ロジックの例も掲載されています。ご参照ください。

5-1　単純合計と累積合計

5-1-1　単純合計

　単純合計は単に合計と呼ばれます。概念の説明の必要はないでしょう。財務モデリングには頻出する処理です。

　数式作成の観点からは，計算演算子「＋」とSUM関数の両方を使うことができます。引数の個数にもよりますが，隣接し連続するセルのデータはSUM関数で処理し，そうでないとびとびのセルのデータは計算演算子「＋」で処理するのがよいでしょう。

　他方，プロセスの観点からは，作成スピードを上げるためにオートSUM機能[12]を活用したいところです。つまり，なるべくSUM関数で処理できるようにデータの配置等を工夫することが重要です。2-3-1作成スピードの操作性の例で説明しましたが，引き算を「マイナスを足し算する」という処理に変えるとSUM関数の活用場面が増加します。同時にオートSUMの活用場面が増加し作成スピードが上がってきます。範囲指定の際もスピードアップのために［Ctrl］＋［Shift］＋［方向］キーを極力使用するようにしましょう。

　合計のように頻出する処理の作成スピードを上げると全体への影響が大きいので「狙い」を持って作業をしましょう。

5-1-2　累積合計

　累積合計はある一定期間の変数の合計を計算するものです。

　ビジネス・ロジックとしては単に残高と呼ばれます。残高は残高0からスタートしてからのすべての履歴（変数の加減）を合計したものです[13]。

　下の例で見てみましょう。

　取引先A社とは2008年4月から取引を開始しました。以降の履歴（売上発生と売上入金）を累積合計したものが残高（売掛金）となります。

　例えば，2008年6月の売掛金残高は，2008年4月からの売上発生と売上入金の履歴の合計（12－0＋15－10＋17－15＝19）となっています。

メモ

図　累積合計1

	A	B	C	D	E	F
1	取引先A社	売上発生	売上入金	売掛金残高		D列の数式
2	2008年03月					
3	2008年04月	12	−	12		=SUM($B$3:C3)
4	2008年05月	15	(10)	17		=SUM($B$3:C4)
5	2008年06月	17	(15)	19		=SUM($B$3:C5)
6	2008年07月	18	(12)	25		=SUM($B$3:C6)
7	2008年08月	9	(8)	26		=SUM($B$3:C7)
8	2008年09月	11	(15)	22		=SUM($B$3:C8)
9	2008年10月	12	(12)	22		=SUM($B$3:C9)
10	2008年11月	18	(19)	21		=SUM($B$3:C10)
11	2008年12月	30	(8)	43		=SUM($B$3:C11)
12	2009年01月	15	(12)	46		=SUM($B$3:C12)
13	2009年02月	13	(25)	34		=SUM($B$3:C13)
14	2009年03月	35	(20)	49		=SUM($B$3:C14)

　数式としてはSUM関数と絶対参照を組み合わせて記述します。入力レバレッジの高い処理ができます（上の例では，1：12）。また，引き算を足し算で記述することも効率を上げるポイントです。

　残高＝累積合計というロジックの整理とSUM関数と絶対参照の組み合わせ処理を活用するというアイディアは，財務モデリングでは非常に重要です。

　例えば，今新しい事業を立ち上げようとしています。次ページ図はその経営計画の抜粋ですが，設備と借入金の出入（履歴）と残高を記述しています。

図　累積合計2

	A	B	C	D	E	F	G	H	I	J	K	L
1	設備		0Y	1Y	2Y	3Y	4Y	5Y	6Y	7Y		D列の数式
2		期初残	−	−	−	90	85	80	75	70		＝C5
3		設備投資	−	−	90	−	−	−	−	−		0
4		減価償却費	−	−	−	(5)	(5)	(5)	(5)	(5)		0
5		期末残	−	−	90	85	80	75	70	65		＝SUM(D2:D4)
6												
7	借入金		0Y	1Y	2Y	3Y	4Y	5Y	6Y	7Y		
8		期初残	−	−	100	90	80	70	10	−		＝C11
9		借入	−	100	−	−	−	−	−	−		100
10		返済	−	−	(10)	(10)	(10)	(60)	(10)	−		0
11		期末残	−	100	90	80	70	10	−	−		＝SUM(D8:D10)

　このように会社計数の基本的ロジックとして，残高は，

　　期初残＋プラス項目＋マイナス項目＝期末残＝次期の期初残

と処理します。わかりやすい読解性の高いモデルになります。

　しかし，以下のような累積合計というロジックの整理とSUM関数と絶対参照の組み合わせ処理も可能ですから，覚えておきましょう。それぞれ期初残の分，1行短縮することができます。

メモ

図　累積合計3

	A	B	C	D	E	F	G	H	I	J	K	L
1	設備		0Y	1Y	2Y	3Y	4Y	5Y	6Y	7Y		D列の数式
2		設備投資	−	−	90	−	−	−	−	−		0
3		減価償却費	−	−	−	(5)	(5)	(5)	(5)	(5)		0
4		期末残	−	−	90	85	80	75	70	65		=SUM($C$2:D3)
5												
6	借入金		0Y	1Y	2Y	3Y	4Y	5Y	6Y	7Y		
7		借入	−	100	−	−	−	−	−	−		100
8		返済	−	−	(10)	(10)	(10)	(60)	(10)	−		0
9		期末残	−	100	90	80	70	10	−	−		=SUM($C$7:D8)

丁寧に記述するために期初残からスタートすることもよいでしょう。コンパクトに記述するために累積合計を利用することもよいでしょう。どちらを選択するかはモデルの状況により判断してください。

重要なのは，両方知らないと「選択」できないということです。片方しか知らないと「選択」も何もないからです。

5-1-3　条件を満足する合計

ある一定の条件を満足する変数だけ合計するという局面が，実務では多く出てきます。単純な合計ではないので論理式を使う必要があります。

例えば次ページ図で，10の営業店の内，今期見込みの売上高が前期の実績よりも増加（減少）している店の営業利益だけを合計したい。営業利益は見込みの原価率78％と販管費率16％を前提として計算します。

図　条件を満たす合計

	A	B	C	D	E	F	G	H
1				原価%	販管費%			
2		前期	今期見込	78%	16%		増加	減少
3		売上高	売上高	売上原価	販管費	営業利益	フラグ	フラグ
4	文京店	949	880	(686)	(141)	53	－	1
5	新宿店	638	770	(601)	(123)	46	1	－
6	豊島店	634	690	(538)	(110)	41	1	－
7	渋谷店	570	630	(491)	(101)	38	1	－
8	江東店	1,054	890	(694)	(142)	53	－	1
9	墨田店	506	600	(468)	(96)	36	1	－
10	葛飾店	728	750	(585)	(120)	45	1	－
11	中野店	945	960	(749)	(154)	58	1	－
12	練馬店	578	570	(445)	(91)	34	－	1
13	品川店	824	760	(593)	(122)	46	－	1
14		7,426	7,500	(5,850)	(1,200)	450	6	4
15								
16				営業利益				
17		対前年売上増加店		264	＝SUMPRODUCT(F4:F13,G4:G13)			
18		対前年売上減少店		186	＝SUMPRODUCT(F4:F13,H4:H13)			

　これまで説明してきた技法で簡単に計算できます。フラグとSUMPRODUCT関数を使う技法が再現性と読解性のバランスが最もよいでしょう。

5-2　計数計画立案

5-2-1　経営会計と財務モデリング

　経営会計は企業内の意思決定に不可欠な分野です。と同時に，財務モデリングが活躍するスペースが最も大きな分野でもあります。

　経営会計は幅広い範囲をカバーしているのですが，本書ではその中でも会社の計数計画のモデリングにフォーカスをあてます。基本的には，PLとBSとCF（キャッシュ・フロー計算書の略として使います，以下同様）を連携させて計数計画をモデリングできれば，他の経営会計の分野のモデリングもできるはずだからです。

　さて，本書では簡単なケースによって学習していきましょう。実際に，ある前提条件をおいて，PLとBSとCFを連携して数字を組み立てていきます。

　シンプルなケースでかつ各モデルの右端の列に数式を記しておきましたので，説明はポイントだけに絞っています。実際にEXCEL上で再現すれば，簡単に理解できると思います。どのように連携して会社の計数を組み立てるかをモデリングすることにより，財務会計の概念の理解にも役立つと思います。逆に，モデル例を見ても処理が理解できない人は財務会計に戻って知識を補完してください。

　また，細部の説明はしませんが，操作性・再現性・読解性に配慮されたモデルになっているので注意して見て下さい。特に，項目毎に5年間の各項目の数式はヨコ方向に入力レバレッジ1：5で処理するようにしましょう。

5-2-2　PLからCFへの連携

　まずは，PLからCFへどのように連携させるかにフォーカスした簡単なケースを見てみましょう。

　資本金100で会社を設立。便宜上，年数0年目（0Yと表記以下同様）とする。

　売上高の予測は1Yは100，以降は前年伸率で与えられていて下表となっています。便宜的にベースケースと名付けます。

	1Y	2Y	3Y	4Y	5Y
ベース（前年伸率）	−	5%	7%	8%	9%

売上原価は売上原価率から計算します。売上原価率の予測は以下です。

	1Y	2Y	3Y	4Y	5Y
原価率	55%	55%	55%	55%	55%

在庫は持たないものとします。

販管費の予測は以下です。ただし，減価償却費は含まないとします。

	1Y	2Y	3Y	4Y	5Y
販管費(除減価償却)	42	43	45	48	50

売上高は全額現金回収，売上原価と販管費は全額現金支払とします。

その他の前提としては，特別損益ゼロ，法人税ゼロ，配当金ゼロ，とします。また，資本金100も変化ないものとします。

まず，前提条件を入力します。

図　PLとCFの連携－前提条件

	A	B	C	D	E	F	G	H
1		売上高/原価/販管費		1Y	2Y	3Y	4Y	5Y
2		ベース		0%	5%	7%	8%	9%
3								
4		原価率		55%	55%	55%	55%	55%
5								
6		販管費		42	43	45	48	50

売上は1Yは前提条件から100ですから100と入力してもよいのですが，入力レバレッジ1：5にするために，伸率0%と入力しておきます。

次に，PL，そしてBSを作成してみましょう。

まずPLを作成します。

売上高，売上原価，販管費は前提条件から参照します。以降は，営業外収益/費用もゼロ，前提から特別損益ゼロ，法人税ゼロですから，当期純利益まで簡単に計算できます。PLはこれで完成です。

メモ

....
....
....
....
....

図 PLからCFへの連携－モデル1

	A	B	C	D	E	F	G	H	I	J
8	PL			1Y	2Y	3Y	4Y	5Y		D列の数式
9		売上高	100	100	105	112	121	132		＝C9＊(1＋D2)
10		売上原価		(55)	(58)	(62)	(67)	(73)		＝－D9＊D4
11		売上総利益		45	47	51	55	60		＝SUM(D9:D10)
12		販管費		(42)	(43)	(45)	(48)	(50)		＝－D6
13		営業利益		3	4	6	7	10		＝SUM(D11:D12)
14		営業外収益		－	－	－	－	－		0
15		営業外費用		－	－	－	－	－		0
16		経常利益		3	4	6	7	10		＝SUM(D13:D15)
17		特別損益	ゼロ	－	－	－	－	－		0
18		税引前当期純利益		3	4	6	7	10		＝SUM(D16:D17)
19		法人税	ゼロ	－	－	－	－	－		0
20		当期純利益		3	4	6	7	10		＝SUM(D18:D19)
21										
22		利益剰余金期初残		－	3	7	13	19		＝C25
23		当期純利益		3	4	6	7	10		＝D20
24		配当金	ゼロ	－	－	－	－	－		0
25		利益剰余金期末残	－	3	7	13	19	29		＝SUM(D22:D24)
26										
27	BS		0Y	1Y	2Y	3Y	4Y	5Y		
28		現金	100	100	100	100	100	100		＝C28
29		総資産	100	100	100	100	100	100		＝SUM(D28:D28)
30										
31		資本金	100	100	100	100	100	100		＝C31
32		利益剰余金	－	3	7	13	19	29		＝D25
33		負債＋資本	100	103	107	113	119	129		＝SUM(D31:D32)

ここで，株主資本等変動計算書（Shareholder's Statement，以下SSと略す）を作成します。PLとBSを連携させるためです。

このケースでは当期純利益以外の変動はないと考えられるので，SSの中でも利益

剰余金の部分を抜粋して計算すれば十分です[14]。

1Yで考えると，SSは利益剰余金の期初残（1Yはゼロ）からスタートし期末残を計算します（配当はゼロという前提）。

利益剰余金期初残	0
当期純利益	3
利益剰余金期末残	3

一方で，SSで計算された利益剰余金の期末残はそのままBSの利益剰余金に反映されます。ですから，BSの利益剰余金はSSの利益剰余金期末残を参照すればよいわけです。期末時点の科目の残高を集計したものがBSですから，至極当然な処理と言えるでしょう。ここでPLとBSが連携しています。資本金は前提より変化なしですから，BSの負債＋資本サイドは終了です。

あと残るはBSの資産サイドです。このケースでは営業活動で獲得した現金を正しく計上すれば完成です。他の資産はありません。ただ，現状のモデルでは現金の数式は前年の現金を参照しているだけですから，BSがバランスしていません。

この場合，BSの負債＋資本の額が確定しますからBSの総資産の額が確定します，すなわち現金の額も確定します。1Yであれば103となります。このような流れで現金を計算する方法もあります。間違いであるとは言い切れませんが，操作性も読解性も芳しくないので，以下のような処理をすることが適切です。

CFで現金の期末残を計算します。期末の現金残は期末時点での残高であり，すなわちそれが，BSの現金になるはずです。つまり，BS現金をCF期末現金残に参照する方法です。通常のモデリングでは，ほとんどこの処理を行います。

CFはPLから連携して計算します。1YのPLと営業CFを見てみましょう。

PL		営業CF	
売上高	100	売上入金	100
売上原価	−55	仕入代金支払い	−55
販管費	−42	販管費支払い	−42
営業利益	3	現金の増加	3
（＝当期純利益）			

📝 メモ

このケースではPLの結果である当期純利益が営業CFの結果と同じになります。間接法では当期純利益からスタートして修正を加えますが，このケースでは必要ないということです。CFは期初の現金残からスタートして当期のフローを集計して期末の現金残を計算しますから，下図のように処理を行います。BSがバランスし整合性の取れたモデルになっています。

図　PLからCFへの連携－モデル2

	A	B	C	D	E	F	G	H	I	J
8	PL			1Y	2Y	3Y	4Y	5Y		D列の数式
9		売上高	100	100	105	112	121	132		＝C9＊(1＋D2)
10		売上原価		(55)	(58)	(62)	(67)	(73)		＝－D9＊D4
11		売上総利益		45	47	51	55	60		＝SUM(D9:D10)
12		販管費		(42)	(43)	(45)	(48)	(50)		＝－D6
13		営業利益		3	4	6	7	10		＝SUM(D11:D12)
14		営業外収益		－	－	－	－	－		0
15		営業外費用		－	－	－	－	－		0
16		経常利益		3	4	6	7	10		＝SUM(D13:D15)
17		特別損益	ゼロ	－	－	－	－	－		0
18		税引前当期純利益		3	4	6	7	10		＝SUM(D16:D17)
19		法人税	ゼロ	－	－	－	－	－		0
20		当期純利益		3	4	6	7	10		＝SUM(D18:D19)
21										
22		利益剰余金期初残		－	3	7	13	19		＝C25
23		当期純利益		3	4	6	7	10		＝D20
24		配当金	ゼロ	－	－	－	－	－		0
25		利益剰余金期末残	－	3	7	13	19	29		＝SUM(D22:D24)
26										
27	BS		0Y	1Y	2Y	3Y	4Y	5Y		
28		現金	100	103	107	113	119	129		＝D38
29		総資産	100	103	107	113	119	129		＝SUM(D28:D28)
30										
31		資本金	100	100	100	100	100	100		＝C31
32		利益剰余金	－	3	7	13	19	29		＝D25
33		負債＋資本	100	103	107	113	119	129		＝SUM(D31:D32)
34										
35	CF		0Y	1Y	2Y	3Y	4Y	5Y		
36		期初現金残		100	103	107	113	119		＝C38
37	営業CF：当期純利益			3	4	6	7	10		＝D20
38		期末現金残	100	103	107	113	119	129		＝SUM(D36:D37)

5-2-3 BSからCFへの連携

次に，BSからCFへどのように連携させるかにフォーカスした簡単なケースを見てみましょう。

0Yに資本金100で会社を設立，売上高，売上原価と販管費はゼロとします。

1Yに土地を20で購入し[15]，以後残高は変化しないものとします。

その他の前提としては，特別損益ゼロ，法人税ゼロ，配当金ゼロ，とします。また，資本金100も変化ないものとします。

このケースではPL項目は何もないのですべてゼロ。固定資産である土地の残高の変化とそれに伴う現金の動きを記述するのみです。

まず，前提条件を入力します。PLとは異なり，残高の推移を記述する必要がある資産項目については，下図のように「始まりの残高＋当期の変化＝終りの残高」という形式で記述するとわかりやすいでしょう。また，他の項目と形式を統一することで読解性は更に向上します。

図　BSからCFへの連携－前提条件

	A	B	C	D	E	F	G	H
1	土地		0Y	1Y	2Y	3Y	4Y	5Y
2		期初残	−	−	20	20	20	20
3		設備投資	−	20	−	−	−	−
4		期末残	−	20	20	20	20	20

BS項目の現金はCFの期末残から参照，BS項目の土地は上図の期末残を参照します。資本金は変化なし，利益剰余金はSSから参照（ゼロ）し，BSは完成です。

次に，CFです。基本的にBS項目の変化はCFの変化を伴います。基本計算式は，単純にBS項目の増減（＝BS今期残－BS前期残）＝CFの増減となります。ここで，

　　　BS項目が資産サイド　　　　＝－（BS今期残－BS前期残）＝CFの増減
　　　BS項目が負債・資本サイド＝＋（BS今期残－BS前期残）＝CFの増減

となります。ただし，BS項目の中で現金と利益剰余金はこの処理をしません（5-2-2 PLからCFのへ連携参照）。また，減価償却費など現金の動きを伴わない非現金項目を勘案しなければならない場合もあります。

BS項目に応じて営業CF，投資CF，財務CFそれぞれに振り分けてCFで計算させ

ると完成です。土地は投資CFとなりますから下図のように処理します。

CFを見ると，1Yに土地に20投資されるので現金が20減少し100→80と残高が減少しているのがわかります。これでBSがバランスしています。

図　BSからCFへの連携－モデル

	A	B	C	D	E	F	G	H	I	J
6	PL			1Y	2Y	3Y	4Y	5Y		D列の数式
7		売上高		－	－	－	－	－		0
8		売上原価		－	－	－	－	－		0
9		売上総利益		－	－	－	－	－		＝SUM（D7:D8）
10		販管費		－	－	－	－	－		0
11		営業利益		－	－	－	－	－		＝SUM（D9:D10）
12		営業外収益		－	－	－	－	－		0
13		営業外費用		－	－	－	－	－		0
14		経常利益		－	－	－	－	－		＝SUM（D11:D13）
15		特別損益	ゼロ	－	－	－	－	－		0
16		税引前当期純利益		－	－	－	－	－		＝SUM（D14:D15）
17		法人税	ゼロ	－	－	－	－	－		0
18		当期純利益		－	－	－	－	－		＝SUM（D16:D17）
19										
20		利益剰余金期初残		－	－	－	－	－		＝C23
21		当期純利益		－	－	－	－	－		＝D18
22		配当金	ゼロ	－	－	－	－	－		0
23		利益剰余金期末残	－	－	－	－	－	－		＝SUM（D20:D22）
24										
25	BS		0Y	1Y	2Y	3Y	4Y	5Y		
26		現金	100	80	80	80	80	80		＝D37
27		固定資産：土地	－	20	20	20	20	20		＝D4
28		総資産	100	100	100	100	100	100		＝SUM（D26:D27）
29										
30		資本金	100	100	100	100	100	100		＝C30
31		利益剰余金	－	－	－	－	－	－		＝D23
32		負債＋資本	100	100	100	100	100	100		＝SUM（D30:D31）
33										
34	CF		0Y	1Y	2Y	3Y	4Y	5Y		
35		期初現金残		100	80	80	80	80		＝C37
36		投資CF：土地		(20)	－	－	－	－		＝－（D27－C27）
37		期末現金残	100	80	80	80	80	80		＝SUM（D35:D36）

5-2-4　BSからPLへの連携

次に，BSからPLへどのように連携させるかにフォーカスした簡単なケースを見てみましょう。

0Yに資本金100で会社を設立，売上高，売上原価と販管費はゼロとします。

2Yに建物を50で購入し，以後残高は変化しないものとします。ただし，翌年から減価償却費を販管費として計上するものとします。

2Yに借入金を80行うものとし，以後残高は変化しないものとします。ただし，借入金利は10%（年利）とします。

その他の前提としては，特別損益ゼロ，法人税ゼロ，配当金ゼロ，とします。また，資本金100も変化ないものとします。

まず，前提条件を入力します。先ほどと同様，始まりの残高＋当期の変化＝終りの残高，という形式で記述します。減価償却費も残高に影響しますから勘案します。

図　BSからPLへの連携－前提条件

	A	B	C	D	E	F	G	H
1	建物		0Y	1Y	2Y	3Y	4Y	5Y
2		期初残	—	—	—	50	45	40
3		設備投資	—	—	50	—	—	—
4		減価償却費	—	—	—	(5)	(5)	(5)
5		期末残	—	—	50	45	40	35
6								
7	借入金		0Y	1Y	2Y	3Y	4Y	5Y
8		期初残	—	—	—	80	80	80
9		借入	—	—	80	—	—	—
10		返済	—	—	—	—	—	—
11		期末残	—	—	80	80	80	80
12								
13		金利		10%	10%	10%	10%	10%

このケースではBSから考えましょう。

BSの項目は資産サイドでは建物，負債・資本サイドでは借入金が計上されます。これは，先ほどと同様，前提条件から期末残を参照します。現金はCFから参照，資本金は変化なしです。利益剰余金はSSから参照します。

メモ

図 BSからPLへの連携－モデル

	A	B	C	D	E	F	G	H	I	J
15	PL			1Y	2Y	3Y	4Y	5Y		D列の数式
16		売上高		－	－	－	－	－		0
17		売上原価		－	－	－	－	－		0
18		売上総利益		－	－	－	－	－		＝SUM(D16:D17)
19	販管費(減価償却費)			－	－	(5)	(5)	(5)		＝D4
20		営業利益		－	－	(5)	(5)	(5)		＝SUM(D18:D19)
21		営業外収益		－	－	－	－	－		0
22		営業外費用		－	－	(8)	(8)	(8)		＝－C39＊D13
23		経常利益		－	－	(13)	(13)	(13)		＝SUM(D20:D22)
24		特別損益	ゼロ	－	－	－	－	－		0
25	税引前当期純利益			－	－	(13)	(13)	(13)		＝SUM(D23:D24)
26		法人税	ゼロ	－	－	－	－	－		0
27		当期純利益		－	－	(13)	(13)	(13)		＝SUM(D25:D26)
28										
29	利益剰余金期初残			－	－	－	(13)	(26)		＝C32
30		当期純利益		－	－	(13)	(13)	(13)		＝D27
31		配当金	ゼロ	－	－	－	－	－		0
32	利益剰余金期末残			－	－	(13)	(26)	(39)		＝SUM(D29:D31)
33										
34	BS		0Y	1Y	2Y	3Y	4Y	5Y		
35		現金	100	100	130	122	114	106		＝D50
36		固定資産：建物	－	－	50	45	40	35		＝D5
37		総資産	100	100	180	167	154	141		＝SUM(D35:D36)
38										
39		借入金	－	－	80	80	80	80		＝D11
40		資本金	100	100	100	100	100	100		＝C40
41		利益剰余金	－	－	－	(13)	(26)	(39)		＝D32
42		負債＋資本	100	100	180	167	154	141		＝SUM(D39:D41)
43										
44	CF		0Y	1Y	2Y	3Y	4Y	5Y		
45		期初現金残		100	100	130	122	114		＝C50
46	営業CF：当期純利益			－	－	(13)	(13)	(13)		＝D27
47	営業CF：非現金項目			－	－	5	5	5		＝－D19
48		投資CF：建物		－	(50)	－	－	－		＝－(D36－C36)－D47
49		財務CF：借入金		－	80	－	－	－		＝(D39－C39)
50		期末現金残	100	100	130	122	114	106		＝SUM(D45:D49)

次に、PLについて考えます。

売上高など主要項目はゼロなのですが、前提条件からBSからPLへ反映させる項目があります。建物の減価償却費と借入金の支払利息です。これらを処理する必要があります。

まず、減価償却費です。これは前提条件にすでに計上していますので、そのままPL（販管費）に参照します。逆に、このように前提条件で処理をしておくと後の処理が楽になり、結果としてシンプルなモデルになります。

次に、借入金の支払利息です。

支払利息の計算は、元本×経過日数/365×利率（年率％）＝年平均残高×年率％＝利子（利息）と処理するのが相応でしょう。金利は年利10％なので明快です。前提条件では「2Yに借入金を80行う」となっているだけで、経過日数すなわち2Yの365日のうち何日目に借入を行ったかが不明です。すなわち年平均残高が不明です。もちろん、前提で指定すればよいのですが、あえて曖昧にしておきました。なぜなら、実務でもこのようなケースがよく出てくるからです。というより、決まっていないケースの方が多いでしょう。この場合あくまで将来の計画ですから「2Yに借入金を80行う」ことは決めても、何日目に行うかまでは決めないでしょう。

ただし、財務モデリングでは「決めない」と数式が確定しないのでそこで全てストップしてしまいます。先に進めるための前提を、もし抜けているのであれば埋めなければなりません。

さて、通常このような場合では、平均残高の計算方法として次の3種類が代表的です。

- 前期型：前期BS残高＝平均残高とする
- 今期型：今期BS残高＝平均残高とする
- 平均型：（前期BS残高＋今期BS残高）÷2＝平均残高とする

これらのうちのどれが良いとも、これらだけが良いとも、言えません。あくまで1つの前提ですから。ちなみに、今期型と平均型は財務CFを自動計算させると循環することがありますので注意が必要です。ここでは前期型で計算しています。

これで、必要な項目が算出できたので、PLは完成します。

次にCFです。

メモ

まず，営業CFに非現金項目を追加します。これは，当期純利益＝営業CFとならないため，当期純利益に対する調整項目としての位置付けです。

このケースでの非現金項目は減価償却費になりますので，PLの減価償却費のセルをマイナスをつけて参照します。減価償却費を戻し入れるわけです。

次に，投資CFの建物ですが，5-2-3 BSからCFへの連携のBSとCFの基本計算式を適用すると，＝－（BS今期残－BS前期残）＝CFの増減となりますが，このままでは不都合が起こります。この場合は非現金項目を勘案し，

　　　建物＝－（BS建物今期残－BS建物前期残）－CF非現金項目

とするのが正しい処理です。

財務CFの借入金は基本計算式通りで，負債・資本サイドですから，

　　　借入金＝＋（BS今期残－BS前期残）

とすればよいでしょう。

これでCFも完成です。

5-2-5　PLからBSへの連携

最後に，PLからBSへどのように連携させるかにフォーカスした簡単なケースを見てみましょう。

資本金100で会社を設立。便宜上，年数0年目（0Yと表記以下同様）とする。

売上高，売上原価，販管費の予測は5-2-2 PLからCFのへ連携のケースと同じとします。

ただし，今回は売上と売上代金回収および売上原価（仕入）と仕入代金支払のタイミングにズレが発生するとします。それぞれ発生時に全額売掛金と買掛金に計上されるとします。

売上代金回収（売掛金）と仕入代金支払（買掛金）のサイトは以下です。

	1Y	2Y	3Y	4Y	5Y
回収サイト(月)	－	3	3	3	3
支払サイト(月)	－	2	2	2	2

ただし，売掛金サイトは商品を販売してから代金を現金で回収する迄の期間，買掛金サイトは商品を仕入してから代金を現金で支払う迄の期間の意です。つまり，上の

表は2Yから売掛金のサイトが3ヶ月，買掛金のサイトが2ヶ月になることを意味しています。

その他の前提としては，特別損益ゼロ，法人税ゼロ，配当金ゼロ，とします。また，資本金100も変化ないものとします。

まず，前提条件を入力します。

図　PLからBSへの連携－前提条件

	A	B	C	D	E	F	G	H
1	売上高/原価/販管費			1Y	2Y	3Y	4Y	5Y
2		ベース		0%	5%	7%	8%	9%
3								
4		原価率		55%	55%	55%	55%	55%
5								
6		販管費(除減価償却)		42	43	45	48	50
7								
8	営業債権・債務		0Y	1Y	2Y	3Y	4Y	5Y
9		売掛金サイト(月)		－	3	3	3	3
10		買掛金サイト(月)		－	2	2	2	2

まず，PLですが，5-2-2 PLからCFのへ連携のケースと全く同じになります。キャッシュのズレが発生するだけで利益としては変化はないからです。

図　PLからBSへの連携-モデル

	A	B	C	D	E	F	G	H	I	J
12	PL			1Y	2Y	3Y	4Y	5Y		D列の数式
13		売上高	100	100	105	112	121	132		=C13*(1+D2)
14		売上原価		(55)	(58)	(62)	(67)	(73)		=-D13*D4
15		売上総利益		45	47	51	55	60		=SUM(D13:D14)
16		販管費(除減価償却)		(42)	(43)	(45)	(48)	(50)		=-D6
17		営業利益		3	4	6	7	10		=SUM(D15:D16)
18		営業外収益		－	－	－	－	－		0
19		営業外費用		－	－	－	－	－		0
20		経常利益		3	4	6	7	10		=SUM(D17:D19)
21		特別損益	ゼロ	－	－	－	－	－		0
22		税引前当期純利益		3	4	6	7	10		=SUM(D20:D21)
23		法人税	ゼロ	－	－	－	－	－		0
24		当期純利益		3	4	6	7	10		=SUM(D22:D23)
25										
26		利益剰余金期初残		－	3	7	13	19		=C29
27		当期純利益		3	4	6	7	10		=D24
28		配当金	ゼロ	－	－	－	－	－		0
29		利益剰余金期末残	－	3	7	13	19	29		=SUM(D26:D28)
30										
31	BS			0Y	1Y	2Y	3Y	4Y	5Y	
32		現金	100	103	91	95	100	108		=D45
33		売掛金	－	－	26	28	30	33		=D13/12*D9
34		総資産	100	103	117	123	131	141		=SUM(D32:D33)
35										
36		買掛金	－	－	10	10	11	12		=-D14/12*D10
37		資本金	100	100	100	100	100	100		=C37
38		利益剰余金	－	3	7	13	19	29		=D29
39		負債+資本	100	103	117	123	131	141		=SUM(D36:D38)
40										
41	CF			0Y	1Y	2Y	3Y	4Y	5Y	
42		期初現金残		100	103	91	95	100		=C45
43		営業CF:当期純利益		3	4	6	7	10		=D24
44		営業CF:運転資本		－	(17)	(1)	(1)	(2)		=-(D33-C33)+(D36-C36)
45		期末現金残	100	103	91	95	100	108		=SUM(D42:D44)

次に，BSです。BSは売掛金と買掛金を反映しなければいけません。

まずは，売掛金から考えましょう。計算式を先に言うと，

　　　BS売掛金＝年商（当期売上高）/12×売掛金サイト（月）

と処理するのが合理的でしょう。年商/12は平均月商を意味しています。つまり，平均月商のサイト月数分だけ期末の残高となり当期のBSに計上されます。

下図を使って理由を説明します。

図　売掛金の算出例

	A	B	C	D	E
1			月商	回収年月	
2	2Y	1月	＝105/12	2Y－4月	
3	年商	2月	＝105/12	2Y－5月	
4	105	3月	＝105/12	2Y－6月	
5		4月	＝105/12	2Y－7月	
6		5月	＝105/12	2Y－8月	
7		6月	＝105/12	2Y－9月	
8		7月	＝105/12	2Y－10月	
9		8月	＝105/12	2Y－11月	
10		9月	＝105/12	2Y－12月	
11		10月	＝105/12	3Y－1月	2Y BS残高
12		11月	＝105/12	3Y－2月	2Y BS残高
13		12月	＝105/12	3Y－3月	2Y BS残高
14	3Y	1月	＝112/12	3Y－4月	
15	年商	2月	＝112/12	3Y－5月	
16	112	3月	＝112/12	3Y－6月	
17		4月	＝112/12	3Y－7月	
18		5月	＝112/12	3Y－8月	
19		6月	＝112/12	3Y－9月	
20		7月	＝112/12	3Y－10月	
21		8月	＝112/12	3Y－11月	
22		9月	＝112/12	3Y－12月	
23		10月	＝112/12	4Y－1月	3Y BS残高
24		11月	＝112/12	4Y－2月	3Y BS残高
25		12月	＝112/12	4Y－3月	3Y BS残高

メモ

いま，決算月を12月と仮定します。また，月商は年商/12が12ヶ月間続くと仮定します。すると，2Yは105/12の売上が1月から12月まで続くことになります。次に，その販売代金の回収です。前提より，3ヶ月遅れて回収されるので，図からわかるように，2Yの1月の売上105/12は一旦売掛金として計上された後，2Yの4月に現金として回収されます。この時点で，2Yの1月の売上に対する売掛金はゼロとなります。

図をこのように見ていくと，サイトが3ヶ月の時には，最後の3ヶ月，10，11，12月の月商が期末時点で未回収となり，BSの売掛金残高を構成することになります。ですから，年商(当期売上高)/12×売掛金サイト(月) となるわけです。

ただし，月商は年商/12が12ヶ月間続くと仮定していることに留意してください。実際のビジネスでこのようなことは起こらないでしょう。売上の情報が年商のみの場合は他に合理的な方法がないための簡便法と考えてください。もちろん，月商が情報としてある場合は，月商からBS残高を算定するのが正しい処理となります。

買掛金も同じように考えられますので，

　　　BS買掛金＝年仕入額(当期売上原価)/12×買掛金サイト(月)

と処理します。これでBSは終了です。

次に，CFです。

営業CFに運転資本（増減）の項目を追加します。これは，当期純利益＝営業CFとならないため，当期純利益に対する調整項目です。

CF運転資本増減の基本計算式は次となります。

　　　CF運転資本増減＝－(BS売掛金今期残－BS売掛金前期残)
　　　　　　　　　　　＋(BS買掛金今期残－BS買掛金前期残)

これは，売掛金と買掛金についてそれぞれ5-2-3 BSからCFへの連携のBSとCFの基本計算式に当てはめたものです。ただし，売掛金と買掛金のCFへの影響を1つの数式として計算する（ネットすると言います）ことが一般的な処理ですから，上記の計算式を使用します。

5-2-6　まとめのモデル

計数計画のモデリングのまとめをしてみましょう。

資本金100で会社を設立。便宜上，年数0年目（0Yと表記以下同様）とする。

売上高の予測は1Yは100，以降は前年伸率で与えられていて次表となっています。

売上のケースは，楽観・ベース・悲観の3つあります。

	1Y	2Y	3Y	4Y	5Y
楽観	−	5%	10%	10%	10%
ベース	−	5%	7%	8%	9%
悲観	−	1%	3%	4%	5%

売上原価は売上原価率から計算します。売上原価率の予測は以下です。

	1Y	2Y	3Y	4Y	5Y
原価率	55%	55%	55%	55%	55%

在庫は持たないものとします。

販管費の予測は以下です。ただし，減価償却費は含まないとします。

	1Y	2Y	3Y	4Y	5Y
販管費(除減価償却)	42	43	45	48	50

販管費は全額現金支払とします。

売上代金回収（売掛金）と仕入代金支払（買掛金）のサイトは以下です。

	1Y	2Y	3Y	4Y	5Y
回収サイト(月)	−	3	3	3	3
支払サイト(月)	−	2	2	2	2

2Yに建物を50で購入し，以後残高は変化しないものとします。ただし，翌年から減価償却費を5計上するものとします。

1Yに土地を20で購入し，以後残高は変化しないものとします。

2Yに借入金を80行うものとし，以後残高は変化しないものとします。ただし，借入金利は10%とします。

図 前提条件

	A	B	C	D	E	F	G	H
1	売上高/原価/販管費			1Y	2Y	3Y	4Y	5Y
2		楽観		0%	5%	10%	10%	10%
3		ベース		0%	5%	7%	8%	9%
4		悲観		0%	1%	3%	4%	5%
5								
6		原価率		55%	55%	55%	55%	55%
7								
8		販管費(除減価償却)		42	43	45	48	50
9								
10	営業債権・債務		0Y	1Y	2Y	3Y	4Y	5Y
11		売掛金サイト(月)		−	3	3	3	3
12		買掛金サイト(月)		−	2	2	2	2
13								
14	建物		0Y	1Y	2Y	3Y	4Y	5Y
15		期初残	−	−	−	50	45	40
16		設備投資	−	−	50	−	−	−
17		減価償却費	−	−	−	(5)	(5)	(5)
18		期末残	−	−	50	45	40	35
19								
20	土地		0Y	1Y	2Y	3Y	4Y	5Y
21		期初残	−	−	20	20	20	20
22		設備投資	−	20	−	−	−	−
23		期末残	−	20	20	20	20	20
24								
25	借入金		0Y	1Y	2Y	3Y	4Y	5Y
26		期初残		−	−	80	80	80
27		借入		−	80	−	−	−
28		返済		−	−	−	−	−
29		期末残	−	−	80	80	80	80
30								
31		金利		10%	10%	10%	10%	10%

図 前提条件

	A	B	C	D	E	F	G	H
34	PL			1Y	2Y	3Y	4Y	5Y
35	3	売上高	100	100	101	104	108	114
36		売上原価		(55)	(56)	(57)	(60)	(62)
37		売上総利益		45	45	47	49	51
38		販管費(除減価償却)		(42)	(43)	(45)	(48)	(50)
39		販管費(減価償却)		—	—	(5)	(5)	(5)
40		営業利益		3	2	(3)	(4)	(4)
41		営業外収益		—	—	—	—	—
42		営業外費用		—	—	(8)	(8)	(8)
43		経常利益		3	2	(11)	(12)	(12)
44		特別損益	ゼロ	—	—	—	—	—
45		税引前当期純利益		3	2	(11)	(12)	(12)
46		法人税	ゼロ	—	—	—	—	—
47		当期純利益		3	2	(11)	(12)	(12)
48								
49		利益剰余金期初残		—	3	5	(6)	(18)
50		当期純利益		3	2	(11)	(12)	(12)
51		配当金	ゼロ	—	—	—	—	—
52		利益剰余金期末残	—	3	5	(6)	(18)	(30)
53								
54	BS		0Y	1Y	2Y	3Y	4Y	5Y
55		現金	100	83	99	93	85	77
56		売掛金	—	—	25	26	27	28
57		固定資産:建物	—	—	50	45	40	35
58		固定資産:土地	—	20	20	20	20	20
59		**総資産**	100	103	195	184	172	160
60								
61		買掛金	—	—	9	10	10	10
62		借入金	—	—	80	80	80	80
63		資本金	100	100	100	100	100	100
64		利益剰余金	—	3	5	(6)	(18)	(30)
65		**負債+資本**	100	103	195	184	172	160
66								

― メモ ―

67	CF		0Y	1Y	2Y	3Y	4Y	5Y
68		期初現金残		100	83	99	93	85
69		営業CF：当期純利益		3	2	(11)	(12)	(12)
70		営業CF：運転資本		−	(16)	(0)	(1)	(1)
71		営業CF：非現金項目		−	−	5	5	5
72		投資CF：建物		−	(50)	−	−	−
73		投資CF：土地		(20)	−	−	−	−
74		財務CF：借入金		−	80	−	−	−
75		財務CF：配当金		−	−	−	−	−
76		期末現金残	100	83	99	93	85	77

　今までのモデルの総合問題ですから，ひとつひとつ確認して作成すれば問題ないでしょう。

　売上高のセルの数式は，3つのシナリオを分岐させなければいけませんから，

　　　セルD35＝C35＊(1＋CHOOSE($A$35,D2,D3,D4))

とCHOOSE関数等を使ってコンパクトにまとめることが読解性を高めるポイントになります。この場合，セルA35を分岐フラグとして使っています。

5-3 損益分岐点分析

5-3-1 損益分岐点分析とは

損益分岐点分析について考えてみましょう。一般式は以下です。

$$損益分岐点売上高(円) = \frac{固定費}{1 - \dfrac{変動費}{売上高}} = \frac{固定費}{1 - 変動費率} = \frac{固定費}{限界利益}$$

$$損益分岐点比率(\%) = \frac{損益分岐点売上高}{実際売上高}$$

$$安全余裕度(\%) = \frac{実際売上高 - 損益分岐点売上高}{実際売上高}$$

$$= 1 - 損益分岐点比率$$

上の数式で固定費と変動費という言葉が出てきますので，説明します。

損益分岐点分析では，費用を固定費と変動費に分類する必要があります。

それぞれ以下の内容です。

・固定費：売上高の増減と関係なく発生する固定的な費用が固定費
・変動費：売上高の増減に応じて変動する費用が変動費

実務では，PL（製造原価明細書，販管費の内訳）の個々の費用項目につき検討し，固定費と変動費に振り分ける方法が一般的です。

ただし，固定費と変動費の振り分けは業界によっても異なりますし，同じ業界でも企業の経営手法によっても異なります。できるだけ情報を収集して実態に合わせて行いましょう。

例えば，広告宣伝費は一般に固定費に振り分けられますが，WEB上の広告では成果報酬型（販売が発生した時点で広告費を支払う方式）のものが増加しています。成果報酬型の広告は変動費と考えるのが相応しいでしょう。

5-3-2 損益分岐点分析の計算例

財務モデリングによって損益分岐点分析を行ってみましょう。

メモ

下図のようなある企業のPLと製造原価明細書の抜粋を入手したとします。

図　損益分岐点分析－前提条件

	A	B	C
1	損益計算書の一部		総額
2		売上高	1,600
3		売上原価	1,100
4		自社生産分	800
5		他社生産分	300
6		売上総利益	500
7		販管費	408
8		給料手当・賞与	90
9		減価償却費	5
10		賃借料	16
11		販売手数料	15
12		広告宣伝費	12
13		荷造費・運賃	25
14		その他の費用	245
15		営業利益	92
16			
17	製造原価明細書の一部		
18		原材料費	580
19		労務費	160
20		経費	200
21		内減価償却費	70
22		内その他の経費	130
23		当期総製造費用	940

特に企業外部から分析する場合は変動費と固定費の振り分けは簡単ではありません。一般的な振り分けを行った後，簡単に調整できるようにしておくとモデルの操作性が向上します。次のモデルでは，フラグを活用しています。

基本的には計算式通りに展開すれば問題ありません。

メモ

原価中の自社生産分は当期総製造費用中の変動費と固定費の割合で振り分けるのが合理的でしょう。販管費は一般的な振り分けをしています。その他の費用は50%：50%と処理しています。フラグを変更することにより振り分けが操作できます。

図　損益分岐点分析－モデル

	A	B	C	D	E	F	G
1		損益計算書の一部	総額	変動費	固定費		D列の数式
2		売上高	1,600				
3		売上原価	1,100				
4		自社生産分	800	69%	31%		＝D24
5		他社生産分	300	100%	0%		1
6		売上総利益	500				
7		販管費	408				
8		給料手当・賞与	90	0%	100%		0
9		減価償却費	5	0%	100%		0
10		賃借料	16	0%	100%		0
11		販売手数料	15	100%	0%		1
12		広告宣伝費	12	0%	100%		0
13		荷造費・運賃	25	100%	0%		1
14		その他の費用	245	50%	50%		0.5
15		営業利益	92				
16							
17		製造原価明細書の一部					
18		原材料費	580	100%	0%		1
19		労務費	160	0%	100%		0
20		経費	200				
21		内減価償却費	70	0%	100%		0
22		内その他の経費	130	50%	50%		0.5
23		当期総製造費用	940	645	295		＝SUMPRODUCT($C$18:$C$22,D18:D22)
24				68.6%	31.4%		＝D23/$C$23
25							
26		総費用	1,508	1,011	497		＝SUMPRODUCT($C$4:$C$14,D4:D14)
27		変動費率		63.2%			＝D26/C2
28		損益分岐点売上高		1,350			＝E26/(1－D27)
29		損益分岐点比率		84.4%			＝D28/C2
30		安全余裕度		15.6%			＝1－D29

メモ

5-4 NPV

5-4-1 NPVとは

NPVは，Net Present Valueの略です。日本語では，正味現在価値と訳されます。NPVとは「ある投資から得られるであろう将来のキャッシュ・フローを割引率（通常資本コスト）で割り引いた現在価値から，投資額の現在価値を差し引いたもの」です。投資評価に用いられる代表的手法で，NPVがプラスなら投資案件として必要条件を満足していると考えられます。

NPVの計算方法ですが，まず一般公式を出してみます。基本計算式は以下となります。

$$NPV = -I_0 + \frac{C1}{(1+割引率)^1} + \frac{C2}{(1+割引率)^2} + \cdots + \frac{Cn}{(1+割引率)^n}$$

$$= -I_0 + \sum_{t=1}^{n} \frac{Ct}{(1+割引率)^t}$$

- I_0

  投資額
- $C1\cdots$

  毎期の収益（将来価値）
- 割引率

  現在価値に割引くための利率
- n

  運用する年数

つい見落としがちな，しかし重要なポイントがあります。

現在価値というからには，いつが「現在」かしっかりと決めなければなりません。当たり前と言えば当たり前ですが，「現在」は刻々と変化しますし，人によって見解が異なることも考えられます。実務的には「現在」とみなす基準日を決めて，その上で現在価値を求めます。ですから，もう過去に支払ってしまったお金を考えることはしません。たとえ，いま検討している投資案件に関連するテスト・マーケティングの

コストであろうとも，です。支払いの終わった過去のコストにとらわれず，これから先その投資案件が儲かるか否かだけを問題とします。

5-4-2　NPVの計算例

NPV（Net Present Value）の計算をしてみましょう。簡単なケースで考えます。

今，100投資をする。すると，1年後に50，3年後に59のCFを受け取ることができる。このCFを，割引率8％で割り引いてNPVを計算するとします。

まず，EXCELの関数を使ってみましょう。EXCELには，そのままNPV関数というものがあります。NPV（割引率，キャッシュ・フロー）という書式となります。

モデルとしては以下のようになるでしょうか。

図　NPV1－関数

	A	B	C	D	E	F	G
1		0	1	2	3		B列の式
2	CF	(100)	50	0	59		
3							
4	NPV	－6.868					＝NPV(B6,C2:E2)＋B2
5							
6	割引率	8％					

これはこれでよいのですが，もう1つ有力な方法があります。キャッシュ・フロー×割引係数という形に分解して現在価値を計算することです。割引係数方式と呼びます。この場合，割引係数は下のようになり，計算演算子（べき算^）で記述できます。

図　NPV1－割引係数

	A	B	C	D	E	F	G
1		0	1	2	3		B列の式
2	CF	(100)	50	－	59		
3	割引係数	1.00	0.93	0.86	0.79		＝(1＋$B$8)^－B1
4	PV	(100)	46	－	47		＝B2＊B3
5							
6	NPV	－6.868					＝SUM(B4:E4)
7							
8	割引率	8％					

メモ

もちろん，NPV関数と結論は同じになります。NPV関数を知らなくてもNPVの計算ができるわけですから再現性は高いと言えます。

ケースを若干複雑にしてみます。

今100投資をし，0.5年後（つまり半年後）に50，1.5年後（つまり1年半後）に59のCFを受け取ることができるとします。このキャッシュ・フローを，割引率8%で割り引いてNPVを計算しましょう。さあ，どうでしょうか？

図　NPV2－関数

	A	B	C	D	E	F	G
1		0	1	2	3		B列の式
2	CF	(100)	50	0	59		
3	NPV	0.6799					＝NPV(B5,C2:E2)＋B2
4							
5	割引率	3.923%					＝(1＋0.08)^(1/2)－1

NPV関数を使う場合は，モデルの構造は変えずに，割引率を半年複利に変換することにより対応します。

計算演算子（べき算^）を使う方法では，年次フラグを1→0.5，3→1.5と変換することにより対応できます。下のように余計な列を削除することもできます。

図　NPV2－割引係数

	A	B	C	D	E	F	G
1		0	0.5	1.5			B列の式
2	CF	(100)	50	59			
3	割引係数	1.00	0.96	0.89			＝(1＋$B$8)^－B1
4	PV	(100)	48	53			＝B2＊B3
5							
6	NPV	0.6799					＝SUM(B4:D4)
7							
8	割引率	8%					

年利8%のまま2箇所の数字を再入力するだけで更新できます。再現性のみならず

操作性の面でも悪くないでしょう。もちろん，NPV関数と結論は同じになります。

いま見てきたようにごく簡単なケースでは，どちらでも大差ありません。が，ケース（＝モデル）が発展してくると差が鮮明になってきます。これらのことを想定して，実務ではNPV関数はあまり使いません。計算演算子を使った割引係数方式の方が好まれます。

また，NPV関数にはXNPV関数という上級の関数があります。キャッシュ・フローの発生日付まで指定できる関数で，日割り計算したNPVを算出できます。この関数を使うことができれば，かなり分析の幅が広がります。

NPVはファイナンスの初歩ですが，いざモデルに落としていこうとすると意外と様々な論点が出てきます。重要なのは，いろいろな方法で記述できた方がいいということ。一般的な状況だけでなく，特殊な状況にも対応できるようになります。

（注）
12　［Alt］＋［Shift］＋［＝］というキーボード・ショートカットが設定されています。4-1-4参照。
13　直近の残高からスタートする場合は，直近の残高に以降の履歴を累積合計します。
14　一般的な経営計画も多くがこのような形式をとります。
15　何の注もない場合は，当期中に現金で支払ったと仮定するのが通例です。そうでなければ，経過勘定を計上することになります。

あ と が き

　財務モデリングほど，日常業務の様々な局面で用いられるツールはないでしょう。
　にもかかわらず，財務モデリングを体系的に教えてもらったという人は極めて少ないと思います。財務モデリングは，なぜかとても乱暴に教えられているのです。上司や先輩から言われて前任者の作ったスプレッドシートを見て勉強する。パッチーワークのように，わからないところはExcelのヘルプや書籍をつまみ食いしながら覚えていく。そうして，「なんとなくできる」ようになる。僕自身がまさにそうでした。皆さんはどうでしょう？
　でも，実は，そこに大きな落とし穴が待っているのです。「なんとなくできる」ようになること自体はよいのです。が，それでは，財務モデリングの基本的な思想や基本的な操作，数式の作成方法など，重要な指針や技法がごっそり欠落してしまうということが必ず発生します。実際，財務モデリングをバリバリ行っている上級者でも欠落している部分はかなりあるのです。当たり前です。とりあえずその場その場で目の前の状況を上手く切り抜ければよい，そんな覚え方・使い方だからです。
　重要なのは「ごっそり欠落している」ということを，やっている本人は気が付いていないということです。しかも，本人は結構できるつもりになっている。それでも，財務モデリングを使って，何千億円という単位の計数を扱っていたり，何百億円という単位の事業投資案件のモデルを作成したりしています。これでよいのでしょうか？
　このような問題意識から，私は，10年ほど前から財務モデリングを体系化し，企業研修を中心に1,000名以上のビジネス・パーソンに対して教授してきました。受講者には初学者から上級者までスキルレベルは様々でした。受講者からのフィードバックを，類型化すると以下の4点でしょうか。
　・Excelの知らない技法がたくさんあった，業務に使うのが楽しみだ
　・経理・財務やファイナンスの知識が，Excelのモデルにしてみて，はじめて腹に落ちた
　・単にExcelや経理・財務の学習ではなく，変数の取扱いとその背後にあるロジックに対する考え方が整理できた
　・財務モデリングの「こうすべき」という部分が明快に示されて，今後の業務の指針となる
　同時に，私自身も学んでいきました。特に，できない人は，何が理解できていないのか，どこでつまずくのか，何を誤解しているのか。そして，どうやって整理したら，できない人にも抵抗なく財務モデリングのエッセンスを注入できるのか。
　こうして，10年間かけて熟成させたのが，本書です。
　公式テキストという形式なので，技法を中心にまとめてあります。ですから，是非，実務で直面するケースをイメージしながら，読んでください。また，実際にExcel上

で手を動かしてみることが理解を大きく助けることは言うまでありません。

　財務モデリングは，一部の特殊な能力を持つ特殊な部署の人間のためのものではなく，いまや誰しもが身につけておくべきリテラシーです。ですから，私は，できるだけ多くの方が本書を手に取り，財務モデリングを正しく理解し，業務で活用することを願っています。それが，企業力の底上げになると確信しています。

2010年2月吉日

岡　崎　京　介

【監修者紹介】

金児　昭（かねこ・あきら）

経済・金融・経営評論家，信越化学工業顧問，日本ＣＦＯ（最高経理・財務責任者）協会最高顧問，会計に軸足を置いた民間エコノミスト。
1936年生まれ。
- 52年，東京学芸大学附属大泉小・中学校卒業。
- 55年，東京都立大泉高等学校卒業。
- 61年，東京大学農学部農業経済学科卒業。信越化学工業入社。以来38年間，経理・財務部門の実務一筋。
- 92～99年，常務取締役（経理・財務，法務，資材関係担当）。
- 94～97年，公認会計士試験（筆記・口述）試験委員。
- 98～2000年，金融監督庁（現金融庁）顧問（専門分野「企業会計」）。
- 96年～，社交ダンス教師有資格者。
- 98年～，新潟大学経済学部・非常勤講師。大東文化大学大学院経営学研究科・非常勤講師。一橋大学大学院国際戦略研究科・非常勤講師。早稲田大学専門職大学院ファイナンス研究科・非常勤講師。文京学院大学大学院経営学研究科・教授。早稲田大学大学院商学研究科・客員教授。
- 85年～，日本経営財務研究学会発表（「事業売買と企業力評価」）。日本原価計算研究学会発表（「現代経理実務と国際経理人の育成」）。日本会計研究学会発表（「国際企業と連結決算の実務」，「The Corporate Accounting in Japan」）。
- 95年，平成7年度納税表彰（麹町税務署長表彰）。

著書は，『ビジネス・ゼミナール　会社「経理・財務」入門』，『「経理・財務」（上級）』，『「利益力世界一」をつくったＭ＆Ａ』（以上，日本経済新聞出版社），『自由と自己規律』，『できる社長の会計力』，『いつか社長になってほしい人のための「経営と企業会計」』，『日本型「経理・財務」事典』（以上，税務経理協会），『経営者の会計実学』（中経出版）など115冊。

【著者紹介】

岡崎　京介（おかざき・きょうすけ）

株式会社レジックス　代表
TACビジネスプロ養成スクール講師
日経ビジネススクール講師
日本CFO協会主任研究員

　1964年生まれ，東京大学卒。メガバンクで10年勤務した後に，1998年外資系コンサルティング会社入社。キャッシュフロー・モデリングと企業価値評価を担当・指揮し，日本における事業再生業務や企業評価業務の草分けとして手法の確立からマーケットメイクまで中心的な役割を果たす。

　2005年コンサルティング会社レジックスを設立し独立し，財務モデリングを切り口としてより機動的に活躍中。近年，後進の人材育成に注力するため教育・執筆活動を本格化。特に，財務モデリングを体系化し企業研修を中心に多くの講師活動を行う。ファイナンスを「知っている」から「できる」レベルに向上させるオンリーワンの講座として好評で，「Excelの神」「財務モデリングの鬼」として多くのファンを持つ。

　日本CFO協会とマイクロソフトと共同し財務モデリングの検定試験を企画，2009年9月よりスタートさせた。

e-mail：dondan@kke.biglobe.ne.jp
財務モデリングHP：http://www.f-modeling.com
財務モデリングオフィシャルメルマガ：http://www.mag2.com/m/0001098222.html
　（まぐまぐhttp://www.mag2.com/　TOPより「財務モデリング」で検索）

著書等
　　『ビジネスモデリング入門―数字で考える技術』（TAC出版）
　　『MBA講義生中継ファイナンス』（TAC出版）
　　「財務モデリングDVD講座―入門」（TAC）
　　「財務モデリングDVD講座―基礎」（TAC）
　　「財務モデリングDVD講座―応用」（TAC）
　　『FASSベーシック公式テキスト　財務モデリング』（CFO本部）

主な講座
　　TACビジネスプロ養成講座：財務モデリング入門・基礎・応用
　　日経ビジネススクール：財務モデリング手法で理解する企業財務分析の基本
　　アカデミーヒルズ：プロに学ぶExcel仕事術スピードアップ編・数式作成編

著者との契約により検印省略

平成22年3月25日　初版第1刷発行　　　　　　財務モデリング

監修者　金　児　　　昭
著　者　岡　崎　京　介
発行者　大　坪　嘉　春
製版所　株式会社マッドハウス
印刷所　税経印刷株式会社
製本所　株式会社三森製本所

発行所　東京都新宿区　　株式　　税務経理協会
　　　　下落合2丁目5番13号　会社
郵便番号　161-0033　振替　00190-2-187408　電話（03）3953-3301（編集部）
　　　　　　　　　　FAX　（03）3565-3391　　（03）3953-3325（営業部）
　　　　　　　　　　URL　http://www.zeikei.co.jp/
　　　　　　　　　　乱丁・落丁の場合はお取替えいたします。

©　金児　昭・岡崎京介 2010　　　　　　　　　　Printed in Japan

本書を無断で複写複製（コピー）することは，著作権法上の例外を除き，禁じられています。本書をコピーされる場合は，事前に日本複写権センター（JRRC）の許諾を受けてください。
JRRC〈http://www.jrrc.or.jp　eメール：info@jrrc.or.jp　電話：03-3401-2382〉

ISBN978-4-419-05305-5　　C2034